»The town I grew up in
has a drug store where men
gather, since their words
fall into the tiny graves
rain makes in their tracks.«
Larry Levis

Bernstein-Verlag, Gebr. Remmel
Postfach 1753, D-53707 Siegburg
www.bernstein-verlag.de
www.bvb-remmel.de
www.sven-heuchert.de

Lektorat: Niklas Schütte
Umschlaggestaltung und Satz: Niklas Schütte
www.niklasschuette.de

Printed in Germany
ISBN 978-3-945426-39-5

© 2019, Sven Heuchert, alle Rechte vorbehalten

Frühe Fassungen einiger Stories in diesem Band sind bereits veröffentlicht:

Wir brechen das Brot gemeinsam, in »trashpool« #7, 2017
Aufstieg, in »Schwarze Acht«, Literatur-Quickie Verlag, 2017
Punchdrunk, als Hörbuch, Wortpersonal, 2017
Neuware, in »Zwischen Zweifel und Zwieback«, Mosaik, 2017
Sie hat gesagt, unter dem Titel »Das Licht wird anbleiben« in »Verstreute Gedichte«, Gonzo Verlag, 2017

Bibliografische Information der Deutschen Nationalbibliothek
Die Deutsche Nationalbibliothek verzeichnet diese Publikation in der Deutschen Nationalbibliografie;
detaillierte bibliografische Daten sind im Internet über die Homepage http://dnb.ddb.de abrufbar.

SVEN HEUCHERT: KÖNIGE VON NICHTS

Stories **BERNSTEIN**

Inhalt

Wir brechen das Brot gemeinsam *11*

Nebengeräusche *19*

Aufstieg *27*

Was nicht mehr ist *35*

Dahin, wo es weh tut *37*

Hinter den Lichtern *49*

Erbgericht *57*

Punchdrunk *67*

Nachtfahrt *81*

Vor dem Fest *83*

Neuware *97*

100er alleine rauchen *101*

Könige von Nichts *103*

Sie hat gesagt *113*

»I have woven a parachute out of everything broken.«
William Stafford

Wir brechen das Brot gemeinsam

Wenn morgens der Wecker klingelt, bleibe ich immer noch eine Weile im Bett liegen. Zehn, fünfzehn Minuten. Ich habe gehört, dass Säufer manchmal im Schlaf sterben. Dass sie einschlafen und nicht mehr aufwachen, einfach so. Also liege ich da und lausche.

In der Klasse sitze ich vorne. Vorne sitzen die, die nach der großen Pause als Erste wieder reingehen. Niemandem auffallen. Keinem im Weg stehen. Unsere Klassenlehrerin heißt Frau Stolz und trägt eine Brille, die so schwer ist, dass sie ihr immer wieder von der Nase rutscht. Heute sieht sie klein aus da vorne am Pult, klein und alt. Sie begrüßt uns mit: »Guten Morgen Klasse.« Neben ihr steht eine Frau, die ich noch nie gesehen habe. Kurze blonde Haare, dunkles Kostüm. Ich überlege, ob sie der Grund ist, warum Frau Stolz heute so alt aussieht.

Frau Stolz macht eine vorsichtige Geste mit ihrer Hand und sagt: »Das hier ist Frau Engels.«
»Sieht aber nich aus wie 'n Engel«, sagt ein Junge, alle lachen.

»Frau Engels«, fährt Frau Stolz fort, »ist Referendarin.«

Ich habe mich immer gefragt, warum man Lehrer werden möchte. Was bringt einen dazu? Frau Engels schreibt ihren Namen nicht an die Tafel, wiederholt ihn auch nicht. Sie erzählt uns, dass sie ab jetzt öfters am Unterricht teilnehmen werde. Ich höre nicht richtig zu, betrachte nur ihr Gesicht. Wie sich ihre Lippen bewegen. Wie sie zwischen den Worten immer wieder lächelt. Am Ende ihrer Ansprache schaut sie einen Moment lang an die Decke, dann setzt sie sich an einen der freien Tische. Danach schreibt Frau Stolz eine Matheaufgabe an die Tafel. Satz des Pythagoras. Ich verwechsele ständig Kathete und Hypotenuse. Als ich von meinem Heft hochblicke, steht Frau Engels neben mir und beugt sich zu mir herunter.

»Kommst du klar?«, fragt sie.

Für ein paar Sekunden erkenne ich meine eigene Schrift nicht mehr. Sie legt ihre Hand auf meine Schulter, ihre Finger sind schmal, aber trotzdem kräftig.

»Ja«, flüstere ich, ich sehe sie dabei nicht an, ich sehe an ihr vorbei aus dem Fenster.

In der Pause gehe ich in die Bibliothek. Ich setze mich an einen Tisch, der am hinteren Ende zwischen zwei Regalen steht, und schlage ein Buch auf. Kein bestimmtes, einfach irgendein Buch. Ich mag den Geruch der Seiten. Ab und zu lese ich einen Satz, wiederhole ihn in Gedanken. Dabei stelle ich mir die Wörter vor, eins nach dem anderen, wie sie sich zu einer gemeinsamen Bedeutung zusammenfinden.

Jemand sagt: »Der hab ich die ganze Faust reingeschoben.«

Ich erkenne die Stimme, es ist Frank. Er ist eine Klasse über mir. Obwohl er in der gleichen Straße wohnt, sehe ich ihn nur selten außerhalb der Schule. Meistens steht er mit seinen Freunden vor dem Büdchen an der Kreuzung. Er raucht und trinkt schon.

»Und in den Arsch hab ich die gefickt. Ich sag's euch, Arschficken ist das Beste überhaupt.«

»Wo hast du das Geld hergehabt?«, fragt einer der anderen Jungen.

»Mein Onkel hat bezahlt.«

Ich stelle mir vor, wie das gewesen sein muss. Das mit der Faust. Und frage mich, wie viel man dafür bekommt. Dann sagt Frank: »So was kannste mit den Mädchen hier nich machen. Die lassen sich nich mal den Finger reinschieben.«

Ich starre wieder in das Buch. Die Mutter hat viel gelesen, sagt der Vater. Das hätte ich von ihr.

Den Wohnungsschlüssel trage ich um den Hals, an einem Schnürsenkel, den ich dreimal verknotet habe. Alle paar Minuten taste ich danach, drücke das kühle Metall gegen mein Brustbein. Ich habe Angst, den Schlüssel zu verlieren. Ich stelle mir vor, wie jemand den Schlüssel findet, der weiß, wem er gehört. Wie er in unsere Wohnung schleicht und sich alles ansieht. Die Spuren unserer Existenz. Beweise, dass wir nicht nur Namen auf einem Klingelschild sind.

Als ich aufschließe, höre ich schon seinen rasselnden Atem. Er ist im Sessel eingeschlafen, der Fernseher läuft ohne Ton. Manchmal hat er auch einfach nur die Augen geschlossen, aber ich kann das unterscheiden, ich erkenne, wenn er schläft. Ich gehe in mein Zimmer und lege mich aufs Bett. Drehe mich auf die Seite, ziehe die Knie zum Bauch und streiche über meine nackten Füße. Ich denke an die feinen Härchen auf ihrem Handrücken, und dass da etwas in ihrem Lächeln war, etwas Warmes, das mich gemeint hat. Das klingt komisch, ich kenne sie ja gar nicht. Ich weiß nichts über sie, und sie weiß nichts über mich. Vielleicht habe ich es deshalb so empfunden; weil sie nichts über mich weiß.

Ich stehe in einem Hauseingang, die Tür ist angelehnt. Dahinter Dunkelheit, nur ganz am Ende schwaches Licht. Als ich eintrete, ist da ein saurer Geruch, der immer stärker wird. Ich nähere mich einem niedrigen Tisch aus Stein, darauf liegen, nebeneinander aufgereiht, weiße Tauben. Ich berühre ihre Körper, sie sind steif und kalt. Ihnen wurden die Köpfe abgehackt, aber ich sehe nirgends Blut. Nur die unbefleckten Körper, die geschwungenen, angelegten Flügel.

Als ich die Augen öffne, sitzt er im Halbdunkel vor meinem Bett. Sitzt da, schweigt. Er sieht mich an, aber es ist, als habe er keine Augen, nur schwarze Löcher.
»Haste geträumt?«
Ich nicke.
»War heut auf'm Amt«, sagt er.
Natürlich weiß ich, was er will.
»Kannst das Wechselgeld behalten.«
»Ja«, sage ich, »ist gut.«
Dann steht er auf und legt einen Schein auf den Stuhl. In der Tür dreht er sich noch einmal um und sagt: »Machst aber nix Böses?«
»Nein«, sage ich, »ich mach nix Böses.«

Ich nehme den Weg, der um den Hof herumführt. Vorbei an den Mülltonnen und dem Sperrmüll, der nie abgeholt wird. Zu Kaisers kann ich nicht gehen, die verkaufen mir keinen Alkohol, aber Winnie kennt meinen Vater von früher. Und er sagt, dass er mir vertraut, ich würde das schon nicht ausnutzen. Sein Kiosk ist kaum größer als mein Zimmer.

Er wischt sich mit dem Ärmel über die Stirn, als er mich sieht.
»Warst ja lange nicht mehr hier. Wie geht's deinem Vater?«
»Gut.« Ich spüre seinen Blick auf mir.
Er schüttelt den Kopf. »Wie alt biste jetzt?«
Ich sehe ihn an.
»Ich frag nur wegen dem Sprit für deinen Vatter, weißte? Falls da mal einer was sagt.«
»Vierzehn«, sage ich, »bald fünfzehn.«
»Vierzehn«, wiederholt er, dann ist da wieder dieser Blick. Er nimmt ihn nicht von mir. Auch nicht, als er nach der Flasche Zinn 40 unter der Theke greift.
»Brauchste 'ne Tüte?« Er grinst und fährt mit halb geschlossener Hand den Flaschenhals rauf und runter. Ich sehe wie sich seine Kiefermuskeln bewegen. Er streicht sich über den Bauch, dann wühlt er lange in seiner Hosentasche. Ich schließe die Augen, bis ich Klimpern höre. Er hält mir das Kleingeld hin, aber ich nehme nur die Tüte und gehe.

Als ich zurückkomme, sitzt eine Frau auf der Couch. Ich kann ihr Parfüm schon im Flur riechen. Sie sieht mich kurz an, mustert meine Beine.
»Hallo Schätzchen«, sagt sie, ihre Stimme klingt tonlos.
»Das ist Marion«, sagt mein Vater und zeigt mit dem Finger auf sie, als gäbe es noch andere Personen im Raum.
Sie sieht wieder an mir herunter. »Du erinnerst mich an mein Mädchen«, sagt sie, »ist in deinem Alter.«
Ich stelle die Tüte auf den Tisch.

»Lebt in Berlin, macht da noch Schule.«

»Schule ist wichtig, sag ich ihr auch immer«, sagt mein Vater, und Marion nickt. »Schule ist wichtig.«

Ich versuche mir vorzustellen, wie ihre Tochter aussieht. Ob sie das gleiche aufgedunsene Gesicht hat, die gleichen dünnen, blondierten Haare? Ich frage mich, wann sie ihre Tochter das letzte Mal gesehen hat, und ob sie ihr eigenes Kind überhaupt wiedererkennen würde? Meine Mutter jedenfalls hat mich nicht erkannt. Als ich die Einfahrt zum Haus, wo sie jetzt mit ihrer neuen Familie lebt, hochgegangen bin, hat sie die Gartenarbeit unterbrochen, mich angesehen und gefragt: »Ja bitte?« Als hätte ich mich verlaufen. Nach ein paar Sekunden hat sie es dann begriffen.

Mein Vater schraubt den Zinn 40 auf und gießt etwas davon in einen Becher. Dann sieht er mich an und sagt: »Danke.« Seine Stimme ist ganz sanft, beinah zärtlich. In diesem Moment ist sein Blick klar. Er reicht Marion den Becher, kurz darauf ist alles wieder wie gehabt. Sie sprechen nicht miteinander, um die Worte des anderen zu verstehen, sie suchen nur den Klang, dass noch jemand da ist. Ich gehe in mein Zimmer und lege mich wieder ins Bett. Manchmal denke ich, das ist alles, was ich tun kann.

Ich sehe Frank, und ich sehe ein Mädchen. Ihr Gesicht ist eine unscharfe runde Fläche, wie ein Testbild. Frank steht hinter dem Mädchen, er spricht leise in ihr Ohr. Wir sind in meinem Zimmer. Ich sehe ein Messer in seiner Hand, aber ich kann mich nicht bewegen. Er schiebt ihr die Klinge in den Bauch, ganz langsam, danach öffnet er den Reißverschluss seiner Hose. Das ist das Letzte, was ich sehe.

Frau Engels sagt, sie wolle das Brot mit uns brechen. Niemand versteht das. Sie erklärt, das sei ein Schulprojekt, bei dem wir uns besser kennenlernen würden. Es gehe dabei um Ernährung. Ernährung sei sehr wichtig, sagt sie, und sie würde gerne erfahren, was und wie wir morgens essen, und zwar bei einem gemeinsamen Frühstück zuhause mit unseren Eltern. Über die Ergebnisse wolle sie am Ende des Halbjahres mit uns diskutieren. Dann spricht sie über langkettige Kohlenhydrate, Omega-3-Fettsäuren, wie schlecht Weißzucker und rotes Fleisch seien, Limonaden sowieso. Ich kann kaum glauben, was sie da erzählt. Wie sie es erzählt. Sie spricht über Vitamine, von denen ich noch nie gehört habe. Ich sehe ihr Lächeln, ihre kleinen, weißen Zähne, und dann kommt dieser Moment, in dem ich mir vorstelle, wie sie in unserer Küche sitzt.

»Was haltet ihr davon?«, fragt sie. Niemand antwortet. Ich spüre den Schlüssel, wie er gegen mein Brustbein drückt.

Später stehe ich vor dem Kühlschrank. Ich öffne ihn einen Spalt, schließe ihn aber sofort wieder. Auf der Couch liegt mein Vater, sein Kopf auf einem Kissen, das Haar wirr im Gesicht. Daneben Marion, ihr rechter Arm hängt wie taub herunter, die Hand berührt den Boden. Die Augen der Beiden sind geschlossen, doch hinter den Lidern zuckt es, ein leichtes Zittern, das mich an die Flügelschläge gefangener Insekten erinnert. Ich frage mich, ob sie träumen, oder ob da nur noch Löcher in ihnen sind. Als ich die alte Zigarrenschachtel öffne, in der mein Vater das Geld aufbewahrt, muss ich an die Münzen denken, die auf Winnies feuchter Handfläche gelegen haben.

Ich ziehe die Wohnungstür zu, renne die Treppe runter. Vor dem Hauseingang nehme ich den Schlüssel, löse ihn vom Schnürsenkel und werfe ihn in das Beet hinter den Abfallcontainern. Als ich weiterrenne, spüre ich noch immer das Metall auf meiner Brust.

Frank sitzt allein vor dem Büdchen. Es hat schon geschlossen. Er winkt zu mir herüber, ich wende den Blick ab.
»Warte doch mal«, ruft er und läuft mir hinterher.
Ich bleibe stehen, antworte nicht.
»Musst doch keine Angst vor mir haben«, sagt er und fasst an meine Brüste, zuerst sanft, dann fester. Ich denke an ihre kleinen weißen Zähne. Und wie sie sagt: *Wir brechen das Brot gemeinsam.* Er drückt sich von hinten an mich, ich kann seinen Atem riechen, Zigaretten, Bier.
»Bist du eigentlich noch Jungfrau?«, fragt er, seine Hand schiebt sich durch mein Oberteil, zuerst rutscht er noch am Reißverschluss ab, aber dann ist er mit einer schnellen Bewegung in meiner Hose.
Ich sehe ihr Lächeln, ihr ganzes Gesicht vor mir. Wie kann ein Mensch nur so lächeln? Irgendwann hat er genug und lässt von mir ab.

Auf dem Rückweg begleitet mich jede seiner Berührungen, sie brennen auf meiner Haut wie Schmutz, den man in eine offene Wunde reibt. Unter mir der aufgebrochene Asphalt, eine graue Oberfläche, übersät mit Narben, und ich starre diese Narben an, sehe mich selbst und alle anderen darin.

Der Schlüssel liegt noch im Beet.

Nebengeräusche

Sie legte die Tablettenschachteln neben den Teller mit dem Rührei und sagte: »Der Krüger ihr Sohn ist wieder in der Klinik. Ganz schlimm sag ich dir. War ja zuerst freiwillig drin, ich glaub für sechs Wochen, aber jetzt ...«

Pischke trank einen Schluck Kaffee und nickte.

»Sie sagt ja, sie hätt davon nix mitbekommen, aber ich mein – der wohnt ja noch zu Hause, in dem Kabuff über der Garage, das der Norbert extra für den umgebaut hat. Also, ich weiß nicht, ich krieg das doch mit, wenn mein Sohn sich quasi nebenan ... oder?«

Sie hatte sich die Fingernägel frisch lackiert, ein kräftiges, leuchtendes Rot. Er versuchte sich zu erinnern, wann sie sich das letzte Mal so aufgetakelt hatte.

»Na ja, ich bin nur froh, dass der Dirk sich da aus allem immer rausgehalten hat.« Sie zeigte auf den Teller, der vor ihm stand. »Haste keinen Hunger mehr?«

Er sah, wie sich ihr Mund bewegte. Ihre Stimme blieb weit entfernt.

»Ich hab sie so gemacht, wie du sie am liebsten magst. Oder?«

»Ja«, sagte er. »So mag ich sie am liebsten.«

»Und vergiss nicht die Tabletten!«

Er nickte und schob sich eine Gabel Rührei in den Mund.

»Um zwölf ist dein Termin beim Physio. Denk dran, dass der Dirk dich abholen kommt, das hab ich mit ihm abgesprochen.«

»Muss er nicht.«

»Alles alleine machen, ja?«

»Kennst mich doch.« Er schloss die Augen und schluckte den Bissen runter.

»Rolf, Schatz, ich muss los«, sagte sie. »Ich ruf nachher durch."

»Ist gut.«

Im Flur zerstäubte sie Parfüm und schritt durch die Wolke. Für einen Moment verlor er sie aus dem Blick und hörte, wie sie in ihrer Handtasche kramte. Als sie wieder im Türrahmen auftauchte, hatte sie Lippenstift aufgetragen. Sie zog sich den Mantel an und lächelte. Er zerteilte das restliche Rührei in mundgerechte Portionen. Die Tür fiel ins Schloss. Es wurde still. *Einen Happen für Papa*, dachte er, *einen für die Mama*. Dann legte er die Gabel neben den Teller. Er nahm eine der Schachteln in die Hand. Manchmal las er noch die Beipackzettel. Was für Nebenwirkungen möglich waren. Blut im Stuhl. Geräusche im Ohr. Herzrhythmusstörungen. Er sah aus dem Fenster. Die Straßen waren feucht vom Regen. Im Wendehammer parkte ein Lastwagen, aus dem zwei Männer eine Couch ausluden.

Die Wohnung unter ihnen stand seit einigen Monaten leer. Die Räume hatte er in guter Erinnerung behalten, vor allem die große Badewanne. Oft hatte er sich nach der Arbeit im

Wasser einweichen lassen, dabei Penthouse oder Playboy gelesen. Bei der Jahresendabrechnung hatten sie immer etwas zurückbekommen. Sie mussten nie viel heizen, die Nachbarn im Erdgeschoss und im zweiten Stock erledigten das. Mit dem Geld gingen sie dann essen. Immer ins Steakhaus *Zum goldenen Ochsen*. Jedes Jahr bestellte er den Grillteller, dazu Peters Kölsch vom Fass. Sie schlug beim Dessert zu – Torte, Apfelstrudel, Eisbomben mit Grand Marnier. Als Dirk geboren wurde, brauchten sie mehr Platz. Im zweiten Obergeschoss war gerade die größere Wohnung frei geworden.

Er trank den letzten Schluck Kaffee. Als das Telefon klingelte, zögerte er kurz.
»Ja?«
»Wegen gleich – halb elf am Wendehammer?«
»Der Termin ist doch erst um zwölf.«
»Aber das Parkhaus da ist immer so voll.«
»Ist gut«, sagte er und legte auf.

Dirk kam zehn Minuten früher als vereinbart. Er hatte das Fenster heruntergekurbelt und rauchte eine Zigarette.
»Lässte mich?«, sagte Pischke und strich über das Autodach. Der Lack war poliert und glänzte. »Will auch mal 'n bisschen was fahren.«
»'n bisschen was fahren ...«, Dirk schüttelte den Kopf. »Und nachher bauste wieder 'n Unfall. Und dann? Bin ich et Schuld.«
»Ach wat!«
»Nix.«
Pischke hielt sich an der Tür fest und ließ sich langsam in den Beifahrersitz sinken.

»Wie 'n nasser Sack«, sagte Dirk und drückte die Zigarette im Aschenbecher aus.

»Pass bloß upp, hab immer noch 'n Pfund drin.«

Dirk startete den Motor und fuhr los.

»Schnurrt wie 'ne Katze, dinge Jolf«, sagte Pischke.

»160 PS«, sagte Dirk. »Nagelt alles weg, was an der Ampel steht.«

»Wat tät der im Unterhalt kosten? Zahlt der Henry so gut?«

»Weißte doch. Auf'm Dach kannste immer 'ne Mark machen. Und am Wochenende schwarz.«

»Gehste nachher nur noch für dinge Jolf kloppe.«

»Ich geh wenigstens kloppen«, sagte Dirk

Sie hielten an einer roten Ampel. Es begann wieder zu regnen.

»Wie lang musste die Reha da eigentlich noch machen?«

»Noch paar Monate.«

»Echt? Und hilft das?«

»Ach«, sagte Pischke, »gibt gute, gibt schlechte Tage.«

Sie fuhren in eines der neuen Parkhäuser gegenüber vom Hauptbahnhof. Die erste Etage war komplett leer.

»Siehste«, sagte Pischke. »Ham wir über 'ne Stunde noch jetzt.«

Dirk schaltete den Motor aus und rieb sich über den Nacken.

Pischke beobachtete ihn einen Moment, schnallte sich dann ab und öffnete die Beifahrertür. »Du musst mich nicht immer bringen, hast selber jenuch zu tun. Gibt Bus und Bahn.« Er griff mit beiden Händen unter seinen rechten Oberschenkel und hob das Bein aus der Tür.

Im Behandlungszimmer hing ein Plakat, das eine anatomische Darstellung des menschlichen Körpers zeigte. Im Hintergrund lief leise Musik. Pischke blickte auf die Narbe an seinem Schienbein. An den Wundrändern wuchsen wieder schwarz gekräuselte Haare.

Die Therapeutin berührte ihn an der Schulter. »Haben Sie noch Schmerzen beim Dehnen?«

»Mir geht's gut«, sagte er.

Sie sah ihn an. »Die Bänder haben sich verkürzt, Herr Pischke. Sie sind drei Monate lang nicht gelaufen. Unterschätzen Sie das nicht!«

»Ehrlich gesagt, glaube ich nicht, dass das hier noch was bringt.«

»Aber es hat doch schon was gebracht«, sagte sie und zeigte auf die Therapieliege, die vor der Wand stand. »Jetzt legen Sie sich erstmal mal schön hin, ja?«

Der Plastiküberzug fühlte sich kalt auf seiner nackten Haut an. Er legte das Ohr auf das Kopfstück und schloss die Augen. Dann spürte er ihre Fingerkuppen, den Druck, den sie damit ausübte. Danach kam der Schmerz.

Pischke stützte sich an der Fußgängerampel ab und atmete durch. Die Siedlung lag hinter der Unterführung. Er folgte dem Heimweg in Gedanken, ließ zwei Grünphasen verstreichen. Dann kehrte er um und ging in das griechische Restaurant neben dem Parkhaus. Auf den Tischen lagen Stoffservietten voller Wasserflecken und Brandlöcher, daneben bläulich angelaufenes Besteck. Pischke setzte sich an die Theke. Er war der einzige Gast. Der Inhaber hieß Jannis. Sein Sohn war mit Dirk auf die gleiche Schule gegangen. Man hatte sich hin und wieder bei Veranstaltungen und Elternabenden gesehen.

»Ah, der Herr Pischke.« Jannis kam aus der Küche und klopfte auf den Tresen. Pischke hob eine Hand zum Gruß.
»Geht's gut?«
Pischke nickte. »Muss.«
»Was kann ich bringen?«
Pischke sah auf die Uhr. »Ein Pils, bitte.«
»Kommt sofort. Und, was macht der Dirk?«
»Viel Arbeit«, sagte Pischke. »Immer unterwegs, der Jung. Und ihrer?« Er klappte sein Mobiltelefon auf. Vier verpasste Anrufe.

Jannis schob das Bier über die Theke.
»Der Nekti war in Griechenland. Drei Monate beim Militär. Freiwillig gegangen. Hab ich ihm gesagt, nein, bist du bekloppt? Mach das nicht. Was willst du da?«
Pischke blickte auf den Schaum.
»Spricht nur sehr schlecht griechisch, der Junge. Und was passiert?« Jannis hob die Augenbrauen. »Da haben sie den fertiggemacht, aber richtig. War er der Putzlappen.«
»So sind se beim Kommiss.«
»Aber ich bitte Sie, Herr Pischke! Muss der Junge doch vorher wissen. Hab ich ihn ja gewarnt. Sagt er, ist seine Sache. Was kann ich da schon machen?«
»Stur sind die Jungs«, sagte Pischke. Er trank das Glas in einem Zug leer und wischte sich mit dem Handrücken über den Mund. »Der Dirk auch. Machen, wat se wollen. Die denken, wir Alten wären blöd. Ich sach immer: Du musst ersma dahin kommen, wo ich jetzt bin, dann kannste mitreden.« Er blickte in den langen, leeren Raum hinter sich. »Aber machste nix, so isset.«

Für den Rest des Wegs brauchte er über eine Stunde. Es war bereits dunkel, als er das Tor vor dem Haus aufschloss.

Der Laster vom Vormittag stand nicht mehr im Wendehammer. Im Treppenhaus hörte er Gläserklirren aus dem ersten Stock. Gelächter. Er hielt kurz inne, legte die Hand aufs Geländer und ging den nächsten Schritt.

Aufstieg

»Heute is der große Tag«, sagte er.
 Ich nickte.
 »Und?«
 »Ich weiß es nicht, keine Ahnung.«
 »Kann mich noch an 73 erinnern – Campbell, Struth, Mödrath, das war 'ne Mannschaft.«
 »Jetzt sind es ja auch gute Jungs.«
 »Schönwetterfußballer sind das! Fallen um, als hätten se nich genug Schwarzbrot gegessen.«
 »Is gut«, sagte ich, »hast ja recht, Vatter.«
 Wir schwiegen für einen Moment.
 »Dein Bruder war gestern auch hier.«
 »Ach? Wie geht's ihm?«
 »Frag ihn doch selbst.«
 »Komm, weißt genau, was los ist.«
 Er sah mich an. »Auf welchem Sender läuft das Spiel?«
 »Auf DAZN. Aber WDR 2 überträgt volle neunzig Minuten, richtig alte Schule.«
 »Hier auf'm Zimmer krieg ich kein WLAN.«
 »Hat Mutter mir schon gesagt.« Ich hob meinen Rucksack hoch. »Hab mein Küchenradio mitgebracht.«

Es war sehr schnell gegangen. Schneller als üblich, hatten die Ärzte gesagt.

Als ich das Radio aus dem Rucksack holte, stießen die beiden Getränkedosen, die ich im Kiosk besorgt hatte, gegeneinander.
Mein Vater runzelte die Stirn.
»Is nur Cola.«
»Lass das mit dem Sprit«, sagte er. »Du hast jetzt Familie.«
»Jaja«, sagte ich, »is ja jot.«
Er machte eine Kopfbewegung zu seinem Zimmernachbarn. »Randvoll mit Schmerzmitteln. So willste doch nich enden?«
»So will keiner enden.«
Mein Vater räusperte sich. »Wollt euren Sohn Anton nennen, hab ich gehört?«
»Hat Lisa dir erzählt?«
Er nickte.
»Ja«, sagte ich, »ich mag den Namen. Nicht so was Beknacktes wie Kevin.«
»Wie geht's ihr denn?«
»Wie es halt so ist im achten Monat, geschwollene Füße und so, kennste.«
»Hast den Opa doch nur einmal gesehen.«
»Ich hab das Foto immer noch, wo wir in seiner Wohnung in Brandenburg sind. Lief grad 'n Spiel von Bayern München im Fernsehen.«
Der Mann im Bett nebenan hustete.
»Rausschmeißen werden se den nich mehr«, sagte mein Vater.
Ich schwieg.
»Wann geht 'n das Spiel los?«

»Viertel vor neun. Haben noch was Zeit.«

»Wie Leipzig da unten reinrutschen konnte, is mir echt unbegreiflich. Bei der ganzen Kohle, die die verblasen haben.«

»Manchmal schießt Geld eben keine Tore.«

Wir lachten.

»Und der wievielte Trainer is das jetzt? Nagelsmann hätte mal in Hoffenheim bleiben sollen.«

»Ja«, sagte ich, »danach kam nich mehr viel.«

»Haste eigentlich nach den Kois geguckt?«

Ich nickte. »Werden immer fetter, die Dinger.«

»Musste jetzt 'n Auge drauf haben. Wenn es kalt draußen wird, muss der Teich immer abgedeckt sein, sonst geht die Katze dran, oder der Reiher. Mutter sagt, die hätt ihn da schon rumstochern sehn.«

»Ich kümmere mich drum«, sagte ich und stellte das Radio auf den Beistelltisch. Dann schaltete ich es ein und suchte den Sender. Der Moderator sagte:

»... und jetzt will die Fortuna mehr, nach sieben Jahren zweiter Liga möchte man endlich wieder Erstligaluft schnuppern. Dirk Lottner hat in den vergangenen drei Jahren eine Truppe auf die Beine gestellt, die Fußball arbeitet, die sich bis zur letzten Sekunde zerreißt ...«

»Klingt ja wie 'ne Rede am ersten Mai«, sagte mein Vater. »Und ob der Lotte 'n guter Trainer is? Selber immer Kippe und Currywurst. Ewiger Standfußballer.«

»Aber mit 'nem goldenen linken Fuß.«

»Wem haste eigentlich deine Jahreskarte gegeben?«

»'nem Freund vom Lupo.«

»War die richtig Entscheidung, glaub mir.« Er senkte den Blick. »Hinspiel war 0:1 für uns, oder?«

»Hardenbicker, Kopfball nach Ecke. Geiles Ding.«
»Ich hab trotzdem kein gutes Gefühl«, sagte mein Vater, und ich sah ihn an und sagte: »Wird schon.«

Das Spiel wurde angepfiffen. Dirk Lottner hatte seine Mannschaft zunächst sehr defensiv eingestellt, die Leipziger kamen in den ersten zwanzig Minuten kein einziges Mal in die Nähe des Strafraums. Dann gab es den Elfmeter, von dem viele heute noch sprechen. Hardenbicker foult Beiersdorf nach einer Ecke und der Schiedsrichter zeigt sofort auf den Punkt.

»... leichter Körperkontakt, den Beiersdorf natürlich dankend annimmt, aber reicht das für einen Elfmeter? Kein Einspruch vom Videoassistenten, obwohl die Kölner vehement protestieren. Eggeberg legt sich den Ball zurecht, kurzer Anlauf ...und Tooor!, scharf ins linke Eck, Leon Ludwig zwar noch mit den Fingerspitzen dran, aber chancenlos. Dreiundzwanzigste Minute, Leipzig führt mit 1:0«

Der Mann im Bett nebenan wurde wach und blickte zu uns herüber. Er öffnete den Mund, schloss ihn wieder und drehte sich auf die Seite.

An dem Abend als das mit der Relegation feststand, bin ich von der Arbeit nach Hause und habe mich gleich unter die Dusche gestellt. Ich stand da eine Stunde oder länger. Lupo hatte mir in der Zeit den Anrufbeantworter vollgequatscht, ich habe die Nachrichten erst Jahre später gelöscht. Im Hintergrund hörte man Niels grölen: »SC Fortuna aus Köln am Rhein, wird eines Tages Deutscher Meister sein.« Nie wieder hatte ich größere Lust, mich zu betrinken. Aber ich hielt durch, blieb unter der Dusche stehen.

»… *die Fortuna kommt über rechts, Kühlwetter verliert den Ball im Aufbau, von David Pütz auf die Außen gespielt zu Stenzel, der steckt durch und … das ist das 2:0 für Leipzig! Eggeberg braucht nur den Fuß hinzuhalten, Ludwig erneut machtlos. Damit steht fest: es wird keine Verlängerung geben. Die Fortuna bräuchte jetzt drei Tore …*«

»Verdammte Scheiße«, sagte ich. »Das war's!«
Mein Vater sah mich an und schloss die Augen. Ich drehte das Radio leise.

Wir haben uns mal geprügelt, da war ich zwanzig. Wir hatten getrunken, ein Wort gab das andere. Nur ein paar Schläge, nichts Wildes. Lippe blutig, Hemd zerrissen. Ich habe gedacht, danach hätte sich etwas geändert, doch ich blieb derjenige, der am Leben scheitern würde.

»Übers Sterben hab ich nie nachgedacht«, sagte er auf einmal. »Ich weiß noch, dein Onkel, der hat angefangen, an Gott zu glauben, als er die Diagnose gekriegt hat. Wollte alles ändern, wenn er sein bisschen Leben behalten darf.« Er zeigte aufs Radio. »Glaub, 's geht weiter.«

Wir werden wohl nie erfahren, was Dirk Lottner der Mannschaft in der Halbzeitpause gesagt hat. Weder er noch seine Spieler haben sich jemals dazu geäußert. Kühlwetter, der erst vor Kurzem vom FC zur Fortuna gewechselt war, und für den die Fans sich auch lange Zeit nach diesem Spiel nicht erwärmen konnten, hatte innerhalb der ersten zehn Minuten nach Wiederanpfiff drei Großchancen, davon ein Lattenschuss. Man konnte im Radio hören wie der Ball vom Aluminium abprallte. In dem Moment habe ich es gewusst.

»Die Jungs drehen das Spiel noch«, sagte ich.

Mein Vater schob sich ein Kissen in den Nacken, lehnte sich in seinem Krankenhausbett zurück und sagte: »Nur wenn der Lottner sich selbst einwechselt und drei Freistöße reinmacht.«

Über das, was in der 67. Minute und danach passiert ist, wurde schon viel geschrieben. Im Fanshop der Fortuna gibt es seit diesem Spiel Trikots mit der Ziffer 67 zu kaufen, einer der beliebtesten Artikel nach wie vor. Eine bekannte Kölschrock-Band hat sogar einen Song darüber geschrieben, er heißt ›Minuten wie diese‹. Im Südstadion lassen sie ihn vor jedem Heimspiel laufen.

»... Fricke auf Schulisch, der auf Rio Peters, Peters zentral vor dem Sechzehner, wird nicht angegriffen, spielt nach Außen zu Nawrath, der legt ab auf Klefisch, Klefisch behauptet den Ball an der Strafraumkante, passt quer zu Kamp, Kamp in die Schnittstelle zu Kühlwetter der abzieht und ... Tooor!, Kühlwetter mit dem Anschlusstreffer in der 67. Minute, die Fortuna verkürzt auf 1:2.«

Ich habe mir die Szene später oft angesehen. Nach dem Anschlusstreffer gibt es keinen Jubel unter den Spielern. Kühlwetter sieht zur Trainerbank, und ich erkenne auf den Fernsehbildern nie, mit wem er Blickkontakt herstellt, wahrscheinlich mit Dirk Lottner. Er verharrt, atmet aus, dann nickt er mit dem Kopf.
Nur achtundfünfzig Sekunden nach dem Wiederanstoß gleicht die Fortuna aus. Eine hohe Flanke aus dem Leipziger Mittelfeld landet bei Innenverteidiger Max Forsbach, der den Ball aus der Gefahrenzone drischt. Sören Reddemann,

Rechtsaußen von Leipzig, unterläuft bei der Annahme ein Stockfehler, und Rio Peters nimmt ihm den Ball aus vollem Lauf ab, zieht nach innen und spielt einen Pass in den Rücken der Abwehr. Alle sehen dem Ball hinterher, er rollt so langsam, dass man denkt, es geschähe in Zeitlupe. Gavin Kamp schaltet als Erster und schiebt den Ball überlegt mit dem Innenrist ins lange Eck.

Als ich vom Stuhl sprang und die Faust ballte, öffnete der Mann im Bett nebenan die Augen und sagte: »Das glaube ich ja nich, die Fortuna.«

Noch während wir die Köpfe schüttelten, schrie der Moderator: »*Toooor! ... Das ist ja der Wahnsinn, Kamp!, wieder Kamp!, Gavin Kamp mit dem 3:2 für Fortuna Köln! Leipzig völlig von der Rolle, leichtfertiger Ballverlust im Mittelfeld, Kühlwetter steil auf Kamp, der sich gegen zwei Verteidiger durchsetzt und eiskalt vollendet.*«

Innerhalb von vier Minuten hatte die Fortuna das Spiel gedreht.

»Ich fasse es nicht«, sagte mein Vater. Er wirkte klein, seine Haut dünn und ganz seifig. »Jetzt müssen se et nur nach Hause schaukeln.«

»Schaffen die«, sagte ich. »Wirst schon sehen.«

Nach dem Schlusspfiff packte ich das Radio wieder in den Rucksack und fuhr mit dem Bus nach Hause. Ich ging sofort ins Badezimmer und stellte mich unter die Dusche, bis Lisa an die Tür klopfte und fragte, ob alles in Ordnung sei.
Am nächsten Morgen klingelte in aller Frühe das Telefon. Ich habe die Stimme meines Bruders zuerst nicht erkannt. Wir hatten das letzte Mal vor über zehn Jahren miteinander gesprochen, aber ich wusste sofort, warum er anrief. Mein

Vater war in derselben Nacht gestorben, in der Fortuna Köln in die erste Liga aufgestiegen ist.

Lisa und ich sind seit fünf Jahren getrennt. Irgendwann hat das mit der Dusche nicht mehr funktioniert. Meine Tochter ist mittlerweile dreizehn. Sie wird ihrer Mutter immer ähnlicher. Anton interessiert sich nicht für Fußball. Ich habe ihn zu einem Heimspiel mitgenommen, da war er sieben oder acht. Natürlich habe ich ihm die Geschichte erzählt. Vom Aufstieg und von seinem Opa, den er nie kennengelernt hat. Er hat die ganze Zeit auf seinem Smartphone gespielt.

Der Umbau des Südstadions ist dieses Jahr fertig geworden. Es fasst knapp dreißigtausend Zuschauer, eine hochmoderne Anlage. Nächste Woche geht es gegen Olympique Lyon in der Europaleague, das erste internationale Spiel überhaupt. Das Bier ist jetzt doppelt so teuer, die Karten auch, aber das macht nichts. Ich stehe noch immer in der Kurve. Was sollte ich auch sonst tun?

Was nicht mehr ist

Ich kann sie unten in der Küche hören. Wie sie die Tür aufschließt. Sie benutzt den Hintereingang, zieht sich in der Diele die Schuhe aus. Ich bleibe im Sessel vor dem Fenster sitzen, ziehe an meiner Zigarette. Der Rauch schimmert blau, ich atme ihn langsam in die Dunkelheit. Auf der Treppe vorsichtige Schritte, ihr Mantel raschelt an der Tapete, dann stößt sie gegen die Kommode und etwas fällt zu Boden.

»Ich weiß, dass du das bist«, sage ich und erkenne ihre Umrisse im Türrahmen, der schmale Körper bekommt Kontur. »Was soll das?«, sagt sie, ihre Stimme klingt heiser. Ich lehne mich zurück, nehme noch einen Zug, und für einen Moment kann ich ihr Gesicht sehen, das zerlaufene Make-up, die fettigen Haare. »Ich habe nicht auf dich gewartet«, sage ich, und sie lacht, ganz tonlos, ich erahne es nur.

Zwei Tage. Manchmal bleibt sie auch länger weg. Eine Woche, anderthalb. Immer kommt sie mitten in der Nacht zurück, als würde das etwas ändern. Und ich kann es an ihr riechen – die fremden Männer, den Schnaps. Einmal hat ihr jemand die Augenhöhle gebrochen. Ich habe ihr Kaffee vor die Tür gestellt, bevor ich zur Arbeit gegangen bin. Jeden Morgen.

Sie lässt den Mantel auf den Boden gleiten und nimmt sich eine Zigarette aus der Schachtel, die auf dem Tisch neben dem Sessel liegt. Dann geht sie mit schnellen Schritten ins Bad und schließt die Tür hinter sich ab. Ich höre wie sie ins Becken spuckt.

In der Küche schalte ich das Licht an. »Hast du Hunger?« Sie kratzt sich mit der Gabel an der Wange, die Zinken hinterlassen Striemen. Ich möchte sie schlagen, möchte meine Faust in ihr Gesicht rammen, bis es nur noch Blut und Knochen ist. *Bis es nicht mehr ist.* Sie beugt sich über den Tisch, hält sich ein Glas unter den Mund. Speichel läuft ihr über die Lippen, flüssig und klar. Sie gießt mir alles über den Kopf. Ich schließe die Augen und lege mich auf sie, sie wird kleiner, schmilzt unter mir dahin, wird zu einer dunklen Lache, in der sich das Mondlicht spiegelt. Irgendetwas stimmt nicht – ich höre sie doch im Flur, wie sie lacht …

Als ich die Augen wieder öffne, sehe ich meinen Atem an der Fensterscheibe, hell wie der erste Frost. Ich lehne die Stirn an das kühle Glas. Nein, alles stimmt, alles hat seine Richtigkeit. Sie ist gegangen, schon vor langer Zeit.

An der Tür dreht sie sich noch einmal um. Vielleicht gibt es nur diese eine Frau, diese eine Liebe.

Dahin, wo es weh tut

Sie steht vor dem Fenster und schiebt den Vorhang ein Stück zur Seite. »Lass doch mal was Licht hier rein«, sagt sie. Immer wenn sie so lächelt, ist da diese Delle in ihrer Oberlippe.

Die Mini-Anlage, die ich für einen Zehner gebraucht beim Türken gekauft habe, spielt einen Song von Steve Earle. *I was born my papa's son, a wanderin' eye and a smokin' gun.* Das Fachteam hat sie mit einem gelben Sticker markiert – unbedenklich, von wegen Kurzschlussgefahr. Ich drehe lauter, hier im Musikzimmer darf ich das. Der Laden vom Türken ist um die Ecke, gleich die Straße runter. Hinten durch hat er einen Kühlschrank. Es gibt sogar Baklava. Ich habe keins gegessen wegen den Kohlenhydraten. Ausgang ist kompliziert. Erst mal darf ich nur im Dreierverband raus, und zwei in der Gruppe müssen schon länger dabei sein.

Sie setzt sich zu mir an den Tisch und holt die CDs aus ihrer Tasche, die sie für mich mitbringen sollte. Little Feat, Widespread Panic, Darrell Scott. Wenn sie hier sitzt, mit ihrem glänzenden Haar, ihrer guten Haut und diesem unschuldigen Lächeln, dann schäme ich mich.

»Hast du jemanden geküsst?«, frage ich. Sie ist ganz nah, ich könnte ihr Haar berühren, ihren Hals.

Irgendwann muss sie gehen. »Ist 'ne lange Fahrt«, sagt sie. Wenn sie geht, denke ich jedes Mal, dass sie nie wiederkommen wird.

```
Nov. 1992: Angst-und Zwangsstörung. Behandlung
mit Radepur, Diazepam, Trimipramin. Gesprächs-
ther. Danach Eigenmedikation mit Alkohol zur
Unterdrückung der Gedanken und zur Beruhigung.
Zwischendurch Diazepam 5-10 mg.
```

In der Cafeteria ziehe ich einen Schokoriegel aus dem Automaten. Mein letztes Geld. Sie will mir immer was dalassen, aber ich weiß ja, wie viel sie verdient. Ich würde es sowieso nur für Scheiße ausgeben. Am Nebentisch sitzt der Neue. Er hatte noch keinen Besuch. Von hinten könnte man ihn glatt für ein Mädchen halten. Er sieht kurz in meine Richtung, dann blickt er wieder auf den Pappbecher in seiner Hand. Ich setze mich ihm gegenüber und lege den Riegel auf den Tisch.

»Nuts«, sagt er und grinst. »Schmeckt billig.« Seine Stimme ist leise und weich.

»Warum bist du hier?«

Er zuckt mit der Schulter. »Wegen allem so 'n bisschen.«

»Das erste Mal?«

Er nickt. »Und du?«

»Weil ich das Sportprogramm hier so geil finde.«

Er lacht. »Ich soll meine Problempäckchen aufmachen. Hat einer von denen gesagt.«

Ich stehe auf, reiße die Verpackung vom Riegel und beiße ein Stück ab. Die Füllung klebt an den Zähnen.

Auf dem Gang kommt mir einer von den 35ern entgegen.

»Du, hömma«, sagt er und zeigt mit dem Finger auf mich. »Unten da, ne, unten machen die 'n Turnier, die Gruppe, 'n Tischtennisturnier, und samma, hab mich gefragt, samma haste Bock?«

Ich sehe auf seine feucht glänzenden Lippen. »Hab ich noch nie gespielt.«

»Kein Problem«, sagt er. »Musst immer nur 'n Schläger hinhalten und hier so machen.«

»Ist nett von dir, dasse fragst, aber, nee, danke.«

Er greift nach meinem Arm. »Wat is los mit euch«, schreit er, sein Gesicht wird rot. »Is doch nur Tischtennis, nur Tischtennis …«

```
Sept. 1997: Diagnose Alkoholkrankheit. Mehre-
re Entzüge mit Diazepam. Versuch mit Dipiperon
zur Beruhig. gescheitert wegen asthm. Reaktion,
ähnlich bei Melperon u. Eunerpan.
```

In welcher Art der Rausch erlebt wird und welche Wirkungen besondere Bedeutung bekommen, ist immer vom situativen Kontext und von persönlichen Faktoren abhängig. Als Faustregel gilt: Bei unerfahrenen Probierern, bei hohen Dosierungen und bei Dauerkonsumenten mit exzessivem Konsum sind negative Rauscherlebnisse häufiger anzutreffen. Zentraler Aspekt einer Verhaltenstherapie ist die motivierende Gesprächsführung. Dazu gehört zum Beispiel, dass der Patient Strategien zur Stressbewältigung und alternatives Verhalten zum Alkoholkonsum kennenlernt. Wenn jemand das starke Verlangen nach Alkohol spürt, könnte er zum Beispiel stattdessen joggen gehen oder eine Vertrauensperson anrufen.

Eine Vertrauensperson anrufen ... Stimme, ihre Stimme, ich schneide das in meinem Kopf zusammen, ihre Stimme, die ich saufen kann, die ich aussaufe, immer rein, auf ex! Peep peep peep peep ... peeeeep – ist besetzt, was auch sonst, denn ich bin ja weggeschlossen, Verbindung gekappt, in einer anderen Welt, und warum ich anrufe, ja, das ist ein wenig kompliziert –

»Du hast da was«, sagt sie und fährt mit ihrem Zeigefinger über meine Lippen.
»Taco«, sage ich. »Taco, Taco, Taco.«

Es wird angenommen, dass ein exzessives Trinkverhalten häufig nach traumatischen Erlebnissen oder als Abwehr gegen eine Depression auftritt. Wenn jemand von einer Alkoholproblematik betroffen ist, wirkt sich dies immer auch auf die Beziehungen zu nahestehenden Menschen, zum Beispiel Ehepartnern, Kindern oder Eltern, aus.

```
Febr. 1998 stat. Entzug. Alles sofort auf Null.
```

Ich sitze auf der Bank vor dem Hauptgebäude und rauche die dritte Zigarette. Der Neue begrüßt mich nicht, er setzt sich neben mich und sagt: »Die haben meine Post geöffnet.«
»Kontrollieren alles«, sage ich und drücke die Zigarette aus. »Die filzen dein Zimmer, während du Gruppentherapie hast. Und die finden alles.«
»Ich weiß nich, ob ich das aushalte.«
»Bist ja erst 'n paar Tage hier.«
Er kratzt sich am Knie. »Krieg das auch alleine hin. Oder ambulant.«
»Klar«, sage ich. »Wir kriegen das alle alleine hin.«

»Nee, ich mein das ernst.«

Ich lege den Arm über die Banklehne. »Muss mal paar andere Gesichter sehen«, sage ich. «Kommste mit?«

Er streicht sich das Hemd glatt. »Brauchen aber 'nen dritten Mann.«

Ich nicke. »Ich kenn da wen.«

»Hatte ich echt 'n Lauf«, sagt der Tischtennismann. »Von der 5 hab ich alle geputzt. Jetzt wichs ich die vonner 3 weg, da sagt der Dachdecker, du nich mehr beim Turnier, weil die anderen auch mal gewinnen wollen. Sach ich dem, dat müssen die abkönnen. So isset doch auch im echten Leben, oder? Oder nich?«

»So isset«, sage ich, und der Neue lacht und sagt: »Aber ganz genau so!«

Wir gehen schweigend durch den Park. Der Tischtennismann läuft zehn Meter vor uns. Die Bäume sind bereits kahl. Jeder Schritt macht ein Geräusch im feuchten Schotter. Ich drehe mich um und sehe, wie Pfützen in unseren Fußabdrücken entstehen, und wie die Abdrücke ganz langsam wieder verschwinden.

»Wie heißt du eigentlich?«, frage ich.

Der Neue lacht. »Benjamin.«

»Benjamin«, wiederhole ich leise.

Dieser schöne, schmale Junge. Ich sehe ihn, wie er im *Hühnerfranz* an der Theke sitzt und an einem Kölsch-Cola nippt. Auf Kunden wartet. Dann geht er auf die Knie. In einer Tiefgarage. Unter einer Brücke. Kehle anfeuchten zwanzig Euro. Dreißig mit Schlucken. Versilbern 'n Fuffi.

»Hey, was'n los mit dir, Mann?«, fragt er.

Vor uns liegt die Stadt, Hochhäuser, Ladenzeilen, Einkaufspassagen. An der zweiten Kreuzung holen wir den Tischtennismann ein. Ich klopfe ihm auf die Schulter. »Sachma, wofür de eingefahren bist.«

Er trommelt mit dem Daumen auf den Drücker der Ampel und sagt: »Im Kino geraucht.«

```
Okt. 1998-Okt. 2002: 4 Jahre trocken, Medikation: 50 mg Mirtazapin abends.
```

Sie hat Baklava mitgebracht. Sechs Stück in einer Frittenschale. Wir sitzen an einem der Tische im Musikzimmer und trinken Automatenespresso.

»Ich hab da letztens an was denken müssen.«

»An was?«, fragt sie und schiebt sich ein Stück Baklava in den Mund. Sie trägt einen schwarzen Poncho und hat sich die Haare streng nach hinten gebunden.

»Kannst du dich erinnern, als wir Gurf besucht haben?« Ich drücke meinen Zeigefinger in den Zuckerguss und lecke ihn ab. »Auf dem Drag in Austin, diese Gitarre.«

Ihre Züge werden hart. Sie dreht den Kopf zur Seite und wischt sich mit dem Handrücken über das Gesicht. »Macht dir das eigentlich Spaß?«

»Was macht mir Spaß?«

»Gehst immer dahin, wo es am meisten weh tut.«

Ich starre auf den Rest Espresso in meinem Becher. Sie öffnet ihre Tasche und holt eine Packung Tempos heraus. »Ich kann das nicht mehr«, sagt sie. »Vielleicht wäre es wirklich besser, wenn du an den Wochenenden nicht nach Hause kommst.« Ihr Blick gleitet zu einem Paar am Nebentisch, das sich schweigend gegenüber sitzt.

»Verstehe«, sage ich.

```
Seit 2005 bei Bedarf je 5 mg Diazepam, nach 1
Jahr täglich, dann tgl. 10 mg Stilnox, später
7,5 mg Zopiclon. Zwischendurch Alkoholrückfäl-
le, alle mit Diazepam selbst entzogen, teilwei-
se bis zu 40 mg/Tag.
```

»Was ist eigentlich mit deinen Fingernägeln?« Benjamin sitzt auf meinem Bett und nickt in Richtung meiner Hände.
»Wie bist du hier reingekommen?«, frage ich und setze mich neben ihn.
»Tür stand offen.« Er legt eine Hand auf meinen Schenkel.
»Also?«
»Bin Gitarrist, deswegen.«
Er sieht sich im Zimmer um. »Und wo ist deine Gitarre?«
»Hab ich nich hier«, sage ich. Mein Mund ist trocken. Ich nehme einen Schluck aus der Wasserflasche, die auf dem Nachttisch steht.
»Haste Angesetzten da?«, fragt er. »'ne kleine Knastbowle oder so was.«
Ich sehe auf seine Hand, die immer noch auf meinem Schenkel liegt. Er hebt die Augenbrauen. »War 'n Scherz, mach dich mal locker.«

Später liegen wir nebeneinander. Seine Füße ragen über die Bettkante. Die Matratze knistert, wenn er sich bewegt. Wir starren an die Decke. Es ist ruhig. Die Vorhänge sind geschlossen. Er dreht sich zu mir, legt mir eine Hand auf den Bauch und hebt den Saum meines T-Shirts an. Dann berühren seine Finger meine Haut, streichen über die Haare. Vor dem Bauchnabel hält er inne. Gedämpfte Stimmen auf dem Flur.
»Was machst du da?«

»Nichts«, sagt er, sein Kopf liegt vor meiner Brust, seine Haare sind straßenköterblond. Der Rest geschieht von selbst. Ich starre auf den Wirbel an seinem Hinterkopf, diese runde, weiße Stelle. Er rückt nach unten, und ich lege meine Hand auf seine Hüfte, die ganz kalt ist, kalt und knochig.

Als wir fertig sind, macht er den Reißverschluss meiner Jeans wieder zu, beugt sich über mich und nimmt einen Schluck aus der Wasserflasche. Dann schiebt er die Bettdecke zur Seite und zieht sich das T-Shirt aus.

»Kommen gleich kontrollieren«, sage ich. »Ist schon zehn.«

Er kichert.

»Körperkontakt und Paarbildung in der Integrationsphase sind nicht gestattet.«

»Was redest du da für 'n Scheiß?«

»Haste die Hausordnung nich gelesen?«

»Doch«, sagt er. »Doch, hab ich.«

»Rehabilitanden«, sage ich, »dürfen sich nicht auf den Zimmern besuchen.«

Er nickt und sagt: »Verstehe.« Er hat drei Leberflecke auf der Brust, genau über dem Herz, in gerader Linie, als seien es Auslassungspunkte.

»Du musst keine Angst haben«, sage ich.

Er schüttelt den Kopf und zieht das T-Shirt wieder an. In der Tür bleibt er noch einmal stehen und dreht sich um. Er sieht nicht mich an. Er sieht in die Dunkelheit.

```
2007: stat. Entzug von Alk. und Diazepam sowie
Zopiclon, mit Distra substituiert, nach 4 Wo-
chen Entlassung mit Entzugsersch.
```

Das erste Wochenende zu Hause. Wir warten vor einer roten Ampel. Im CD-Player läuft ein Song von Whiskeytown. *Well traveling to the point, that I, I can't stop it, get so familiar.* Ich zünde mir eine von ihren Marlboro an. Sie lächelt. Die Ampel springt auf Grün. Freitagnachmittagsverkehr. Ich sehe aus dem Seitenfenster. Die Brücke kommt näher. Leere Fabrikhallen. Spielplätze aus schäbigem Plastik. Hier hat alles angefangen: Reißdorf und süßer Genever.

Ich berühre sie leicht am Arm. »Diesmal wird alles gut.«

Sie setzt den Blinker. »Bist jetzt hier. Das zählt.«

Wir fahren über die Brücke, vorbei am Huma. Am Ende der Straße, in einer Nische zwischen Garagen und Wohnpark, sehe ich die Leuchtschrift: *Schnäuzerdiele*. Sie parkt gegenüber vom Netto. Auf der Mauer vor dem Eingang stehen drei leere Bierflaschen. Sie schaltet den Motor aus.

»Musst hier nicht warten«, sage ich. »Zieh ich alleine durch.«

Sie lehnt sich an mich und drückt mir einen Kuss auf die Wange.

Schnäuzerdiele. Backstage karrt eine Kapelle Equipment aus ihrem Van. Marshall-Stacks, Gitarrenkoffer. Die Jungs sehen abgerissen aus. *Ninety days on the road is what I need.* Im Laden stinkt es nach Pisse und aufgeweichtem Toilettenpapier. Der dicke Uwe steht hinter der Theke.

»Jimmy«, sagt er. »Hast dich aber rar gemacht.«

Ich winke ab. »Kennst das doch.«

»Was kriegste?«

Ich setze mich auf einen Hocker. »Was hatte ich denn beim letzten Mal?«

Ein Aspekt der Verhaltenstherapie ist es, den Patienten zunächst in der Therapiestunde und später in realen Situationen mit den Schlüsselreizen (Geruch, Öffnen einer Flasche etc.) zu konfrontieren, bis sie kein Verlangen nach Alkohol mehr auslösen.

Uwe stellt das Glas vor mich hin. Doppelter Whiskey-Ginger Ale. Die Eiswürfel schwimmen oben. Gefrorenes Glas. Nadelstiche unter der Kopfhaut.

Sie dürfen trinken, Herr Kraus, wir besprechen das dann in der Gruppe, was Sie damit verbinden, und warum, ja?, warum Sie nicht anders konnten. Das ist ja sehr wichtig, dass Sie das über sich selbst erfahren – und Sie müssen sagen, wenn Sie getrunken haben, keine Bestrafung!, Sie müssen das nur mitteilen. Ansonsten bleiben Sie einfach vor ihrem Getränk sitzen, sagen wir – eine halbe Stunde?

Ich stehe vor dem Pissoir und halte meinen Schwanz in den Händen. Auf die Kacheln hat jemand mit schwarzem Edding geschrieben: *You're a beautiful loser, too!* Wenn der Geschmack einmal an den Lippen ist – niemand von euch hat eine Ahnung. Der Rausch ist zeitlos und vollkommen. Sagt die Muse –

»Du hast da was«, sagt sie und fährt mit ihrem Zeigefinger über meine Lippen –

Guadalupe Street nach Mitternacht. Wir schauen in die Auslagen der Pawn Shops. Verschmierte Scheiben. Handabdrücke auf dem Glas. Toaster. Pfannen. Elektrokram. In der Mitte eine alte Gitarre. Hollow Body. Sunburst. Die Saiten kräuseln sich um den Hals. Wir bleiben stehen. *Stell dir vor, wem die vielleicht gehört hat? Blaze oder Townes?* Sie nimmt meine Hände. Ich küsse ihren Hals.

In dieser Nacht in Austin, da habe ich ihr eine verpasst, später im Motelzimmer. Ich weiß nicht mehr warum. Der Rausch ist zeitlos und vollkommen. Sagt die Muse –

»Taco«, sage ich. »Taco, Taco, Taco.«

```
24.05.12: stat. Entzug von allem sofort auf
null. (6 Wochen) Neu: Seroquel prolong 200mg +
25mg Seroquel bei Bedarf. LZT.
```

Ich gehe den Gang entlang. Auflauf vor einem der Zimmer, Pfleger und Personal. Die Tür steht weit offen.
  »Hier gibt's nix zu sehen«, brüllt einer. Benjamin auf dem Boden. Das Gesicht blutig, Augen aufgerissen. Ein Pfleger drückt ihm das Knie in den Rücken. Scheiße tropft von den Wänden. Jemand schmeißt die Tür zu. Der Tischtennismann kommt mir entgegen. Er hält sich den Zeigefinger an die Schläfe. »Hat 'n Koller. Erstes Mal. Sind die schnell von 'n Schienen.« Er fasst mir an den Ellenbogen. »Samma, hier, den? Den kennen wa doch auch, oder?«
  Ich sehe ihn an. Aus dem Zimmer Schreie, dann dumpfes Poltern.
  »Nein«, sage ich. »Kenn ich nicht.«

Hinter den Lichtern

Ich entschied mich für Jeans und Bluse und trug ein paar Tropfen von dem Parfüm auf, das ich mir selbst zum Geburtstag geschenkt hatte. Er klingelte pünktlich um acht. Seine Schritte hallten im Treppenhaus, und während ich auf ihn wartete, überlegte ich, ob wir uns heute küssen würden, ob es den richtigen Moment geben könnte. Auf der letzten Stufe blieb er schwer atmend stehen. Er trug einen hellen Trenchcoat und hielt einen Strauß Blumen in der Hand.

»Hallo Martin«, sagte ich.

Er lächelte: »Sind für dich.«

»Komm erst mal rein.«

Er warf mir einen Blick zu.

»Was ist?«, fragte ich. »Willst du da Wurzeln schlagen?«

Im Flur standen wir uns für einen Moment schweigend gegenüber.

»In die Küche«, sagte ich, er nickte und wartete, bis ich vorausging. Ich nahm eine Vase aus dem Regal und füllte sie an der Spüle mit Wasser.

»Gefallen sie dir?«

»Rote Rosen«, sagte ich und stellte die Vase mit dem Strauß auf die Arbeitsplatte. »Möchtest du was trinken?«

Er zuckte mit der Schulter. »Hast du vielleicht Cognac oder so was?«

Ich zeigte auf das Regal. »Ich hab noch eine Flasche Asbach.«

Er nahm die Flasche und strich mit den Fingern darüber. »Mein Vater trinkt Asbach.«

»Und?«

»Nichts.«

»Was macht dein Vater eigentlich? Lebt er auch hier?«

»In Kaldauen«, sagte Martin. »Ist in Frührente. Hatte was an der Bandscheibe.« Er las, was auf dem Etikett stand.

Ich stellte zwei Gläser auf den Tisch.

»Das sind aber keine Schwenker.«

»Ich habe keine Schwenker. Müssen wir so auskommen.«

»Klar«, sagte er. »Klar, geht ja auch.«

Wir setzten uns an den Küchentisch. Er öffnete die Flasche und achtete darauf, dass er sich nicht zu viel eingoss.

»Auf dich«, sagte er und grinste. Er nahm einen großen Schluck und schüttelte den Kopf.

»Tut mir leid.« Er setzte das Glas ab. »Das war unhöflich von mir. Ich hätte auf dich warten sollen.«

Ich hob mein Glas und sagte: »Auf uns!«

Er lächelte wieder. Ich wusste nie, wie er das meinte. Es war immer das gleiche Lächeln.

»Also, was hast du vor?«

Martin hob die Augenbrauen. »Oh«, sagte er, »ich habe etwas Besonderes vor.«

Ich blickte auf seine glänzende Stirn. Wie er das sagte: *etwas Besonderes*. Da lag so viel Erwartung in seiner Stimme.

»Etwas Besonderes«, wiederholte ich.

Seine Augen strahlten. »Eigentlich ist es noch ein bisschen zu früh. Wir sollten vielleicht noch etwas warten.«
»Warten? Auf was warten?«
Er sah aus dem Fenster und sagte: »Bis es ganz dunkel ist.«
Ich nahm einen Schluck. »Bis es dunkel ist?«
Martin nickte. »Dann ist es besser.«
»Muss ich Angst haben?«
»Nein«, sagte er. »Warum solltest du Angst haben?«
»Ich weiß nicht, das klingt unheimlich, um ehrlich zu sein.«
»Meinst du das ernst?«
»Also, so wie du es sagst, schon.«
»Wie sage ich es denn? Das interessiert mich ja jetzt.«
»Na ja, unheimlich halt. Kann man schlecht beschreiben.«
Er lehnte sich zurück, legte den Kopf in den Nacken und lachte. »Also, was du von mir denkst.«
»Was glaubst du denn, was ich von dir denke?«
»Na, unheimlich und alles. Findest du mich wirklich unheimlich?«
»Wie du's gesagt hast. Verstehst du?«
Er nickte. »Verstehe.« Dann lachte er wieder. »Unheimlich, also wirklich.«
Sein Blick wanderte kurz zu meinen Brüsten.
»Das ist eine schöne Bluse«, sagte er. »Du magst diese Farbe, oder? Flieder? Ist das Flieder?«
»Violett.«
»Violett, genau.« Er trank sein Glas leer.
»Wann ist es denn dunkel genug?«
»Wir können los«, sagte er. »Bis wir da sind, wird es sicher dunkel genug sein.« Er legte seine Hand auf meine. »Es wird dir gefallen, ganz bestimmt.«

Draußen war es ungewöhnlich mild für diese Jahreszeit. Martin bemerkte, dass ich mich in meinem Mantel unwohl fühlte und blieb stehen. »Komm, ich nehme den für dich.«

Wir gingen durch die Stichstraße, die zwischen den Mietshäusern entlang führte, vorbei an Altpapiercontainern und Mülltonnen. Zwei Männer in Unterhemden lehnten an einem Treppengeländer und rauchten filterlose Zigaretten. Martin nickte ihnen zu, ihr Gespräch verstummte, bis wir vorbeigegangen waren.

»Kanntest du die?«, fragte ich.

Martin sah mich an. »Nein«, sagte er, »ich wollte nur höflich sein.«

Der Parkplatz war fast leer, die meisten Geschäfte hatten geschlossen. Martins Fiat stand neben einem Kastenwagen, der einem Dachdecker oder Maler gehörte. Mir fiel auf, dass er seinen Wagen durch die Waschanlage gefahren hatte.

»Extra für dich«, sagte er und hielt mir die Tür auf.

Er war ein guter Fahrer. Ich bekam nie das Gefühl, dass ihn etwas hätte überraschen können. Wenn er sprach, nahm er den Blick nicht von der Fahrbahn. Als wir vor einer roten Ampel warteten, drehte er sich zu mir und fragte: »Möchtest du vielleicht Musik hören?«

»Ja«, sagte ich. »Musik wäre gut.«

Er schaltete das Radio ein. Es lief 80er Jahre Pop, Martin nickte im Takt.

»Magst du Duran Duran?«

»Ehrlich gesagt, kenne ich nicht viel von ihnen.«

»Das hier ist ihr bester Song.«

»Okay«, sagte ich. »Klingt nett.«

Er bog an der nächsten Kreuzung ab.

»Da vorne habe ich mal gearbeitet«, sagte ich.
»Wo?«
»In der Fabrik« Ich zeigte auf den langen, grauen Bau.
»Was hast du da gemacht?«
»Am Band. Verpacken und so was.«

Wir fuhren durchs Industriegebiet, Lagerhallen und Gebäude lagen verlassen in der Dunkelheit. Nach einer Unterführung bog er noch einmal ab, dann hielten wir am Straßenrand.
»Wir müssen noch ein Stück laufen.«
»Wo sind wir denn hier?«
»Hinten zum Lieferanteneingang«, sagte er und stieg aus dem Wagen. Kühle Luft strich über meine Schultern, ich hörte das Gebläse des Motors. Martin öffnete die Beifahrertür, nahm meine Hand und sagte: »Wir müssen um das Gebäude herum.«
Ich roch sein Aftershave. Seine Hand war feucht.
Er sah auf meine Schuhe. »Ist nicht weit.«
»Arbeitest du hier?«
»Ich bin hier Abteilungsleiter. Hab ich dir doch erzählt, oder? Dass ich leitender Angestellter bin.«
»Ja, hast du erzählt.«
»Es wird dir gefallen«, sagte er, »ganz sicher.«

Er ging voraus. Wir kamen an verschlossenen Rolltoren vorbei, die Notfallbeleuchtung tauchte die Umgebung in kaltes Licht. Martin blieb vor der Fluchttreppe stehen. Er griff in die Hosentasche und sagte: »Hab mir den Schlüssel besorgt.«
Es dauerte, bis er die Gittertür vor der Treppe geöffnet bekam.

»Du willst da rauf?«, fragte ich.
»Ganz genau. Da will ich mit dir rauf.«
»Und was wird das?«
»Ist eine Überraschung.«
Haarsträhnen hingen ihm in der Stirn.
»Na schön«, sagte ich. »Da rauf also!«

Die Treppe war steil und schaukelte bei jedem Schritt. Hinter mir hörte ich Martins Keuchen, einmal spürte ich seine Hand am Po, er zog sie sofort zurück. »Das wollte ich nicht.«
»Nichts passiert«, sagte ich.

Das Dach war flach und größer als ein Fußballfeld. Überall ragten silbern glänzende Lüftungsrohre aus dem Boden.
»Schon Wahnsinn, oder?«, sagte Martin und zeigte auf die riesige Leuchtreklame, die auf einer langen Metallschiene montiert war. Ich konnte den Strom hören, der durch die Leitungen floss, ein leises Summen. Wir gingen an der Rückseite vorbei.
»Und jetzt?«, fragte ich.
Martin blieb vor einem Schneefanggitter stehen. Dann breitete er seine Arme aus und sagte: »Ist das nicht toll?«
Es war eine klare Nacht. Wir blickten auf die bunten Lichter der Stadt. Erleuchtete Fenster. Geschäfte. Rotglühende Rückleuchten, die sich in Richtung Horizont schoben.
»Ich liebe es hier oben«, sagte Martin.
»Ja«, sagte ich. »Tolle Aussicht, wirklich.«
»Einmalig. Und die Ruhe.«
»Warst du schon oft hier oben?«
»Was heißt oft? Ein paar Mal.« Er schwieg einen Moment. »Weißt du, was ich glaube?«

»Verrat es mir.«
»Dass das alles glückliche Menschen sind«, sagte er. »Hinter diesen Lichtern … das müssen doch alles glückliche Menschen sein.«
»Sind wahrscheinlich nicht alle glücklich.«
»Nein, sicher nicht alle. Aber ich glaube daran.« Er sah mich an. »In diesem Augenblick wenigstens.«
Ich wusste, dass er zu schüchtern war, um etwas zu versuchen, doch ich wollte nicht den Anfang machen.
Nach einer Weile fragte er: »Auch eine Zigarette?«
»Hast du welche?«
»Ja«, sagte er und kramte in seiner Jackentasche. Er gab mir Feuer. »Ist dir nicht kalt?«
»Doch, ein bisschen«, sagte ich. »Ich habe den Mantel im Wagen liegen gelassen.«
»Ich hätte ihn für dich mitnehmen sollen.«
»Macht nichts.«
»Dir ist aber kalt.«
»Ist in Ordnung, mach dir keine Gedanken.«
»Ich bin sechsunddreißig«, sagte er. »Ich bin jetzt sechsunddreißig Jahre alt, und mit mir ist leicht auszukommen.«
»Ja«, sagte ich. »Mit dir kann man leicht auskommen.«

Auf der Rückfahrt sprachen wir nicht viel. Wir hörten auch kein Radio. Martin hielt vor dem Haus und ließ den Motor laufen. Er sah mich nicht an, als er sich verabschiedete.
»War schön.«
Ich nahm meinen Mantel vom Rücksitz und stieg aus.
»Ja, war es«, sagte ich.
Er beugte sich über den Sitz und lächelte dieses Lächeln, das ich nicht deuten konnte. »Ich ruf dich an.«

»Mach das«, sagte ich und schloss die Wagentür.

Er kurbelte das Seitenfenster hoch, fuhr ein Stück die Straße entlang und wendete in einer Einfahrt. Ich sah die Bremslichter und musste an die glücklichen Menschen denken, an die er glaubte, und daran, dass es den Moment nicht gegeben hatte. Er hupte zweimal, als er an mir vorbeifuhr.

Erbgericht

Wir sahen dem Fuchs hinterher, der zwischen den Feldern auf die Dorfmitte galoppierte.

»Ausgebüchst«, sagte der Mann neben uns und zeigte mit seinem nikotingelben Finger auf das Pferd, dessen Mähne im Wind flatterte. Die Hufeisen klapperten auf der asphaltierten Straße.

»Von hier?« Er betrachtete meine Tätowierungen.

»Auf Durchreise«, sagte ich.

Er nickte. »Gutes Wetter mitgebracht.«

»Wann geht es denn los?«, fragte Niels.

»Prozession ist ums eins«, sagte der Mann und blickte auf seine Armbanduhr. »Vorher halten die Mädchen und die Reiter noch eine kurze Ansprache, nennen die Sponsoren und so.«

»Sponsoren?«, wiederholte Niels und blickte sich um.

»Ja«, sagte der Mann. »Irgendwo muss das Geld ja herkommen.«

Wir gingen zur einzigen Gaststätte am Platz. Auf der Seitenwand stand in verblichener Schrift *Erbgericht*. Sämtliche Plätze waren belegt. Die Leute aßen Wildgulasch mit Rotkohl und Klößen, tranken dunkles Bier. Wir gingen zum Tresen und stellten uns neben einen alten Mann, der auf einer Zigarre kaute und in einer Bild-Zeitung blätterte. Er schaute kurz auf. In der Kühltheke standen Teller mit Brötchen und Kuchen. Die Bedienung lehnte sich über den Tresen.

»Zwei Bier und zwei Brötchen«, sagte ich. »Was ist auf denen da drauf?«

»Hackepeter«, sagte sie. »Wollt ihr Helles oder Dunkles.«

»Helles.« Ich sah durch das Fenster. Vor einem Kriegsdenkmal standen Mädchen in einer Gruppe zusammen und unterhielten sich mit den Händen vor ihren Mündern. Sie hatten ihre langen Haare zu einer komplizierten Frisur aufgetürmt, in den eingerollten Zöpfen steckten bunte Stoffbänder und Blumen. Ihre weißen Röcke strahlten im Sonnenlicht. Ich bestellte noch ein Stück Kalten Hund.

Als ich sechs oder sieben Jahre alt war, habe ich unserer Nachbarin einen ganzen Kalten Hund gestohlen. Sie war eine schöne Frau, zierlich, mit olivfarbener Haut, ausgeprägten Schultern und langen, dunklen Haaren. Ich hielt sie immer für eine Italienerin. Sie hatte drei Kinder, alles Jungs. Ihr Mann war früh an einer mysteriösen Krankheit gestorben, sie war alleine geblieben. Sie buk oft, und immer ließ sie das Küchenfenster auf Kipp stehen. Damals hatte ich noch schmale Hände. Ich lief in den Wald, setzte mich an einen Bach und aß den ganzen Kuchen.

»Alles okay?«, fragte Niels.

»Ich hab mal einen ganzen Kalten Hund gegessen«, sagte ich und schob mir das letzte Stück in den Mund.

»'ne Wette verloren?«

»Hatte ich der Nachbarin geklaut. Danach hab ich in den Ausguss gekotzt.«
»Haste se wenigstens gesickt gekriegt?«
»Nee«, sagte ich. »Die hat nie was gesagt, die kannte ja meinen Alten.«

Wir tranken den letzten Schluck und hörten ein Gellen von draußen, es klang wie das Kriegsgeheul aus einem alten Indianerfilm. Die Mädchen hatten sich jetzt in einer Reihe aufgestellt, sie trugen Kränze aus Spargelkraut und Eichenlaub. Pferde wieherten im Hintergrund. In der Gaststätte wurden Stühle hin und hergerückt, Geschirr abgeräumt. Jemand sagte: »Es geht los, beeilt euch mal.« Ich zahlte und gab einen Fünfer Trinkgeld. Die Bedienung sah mich mit zusammengekniffenen Augen an, nahm den Schein und steckte ihn in eine Tasse, auf die jemand mit schwarzem Edding *Karen* geschrieben hatte.

Die Menge fand sich langsam vor dem Kriegsdenkmal ein. Männer in weißen Hemden und goldenen Schärpen scharwenzelten um die Mädchen herum, hielten Biergläser und Zigaretten in den Händen, lachten. Marschmusik ertönte aus Lautsprechern, die auf ein Autodach montiert worden waren. Viele klatschten oder nickten im Takt. Dann wurde die Musik ausgestellt und einer der Männer sprach in ein Mikrofon. »Bevor es gleich zum Wettkampf geht, wollen wir uns an dieser Stelle noch bei den Sponsoren bedanken, natürlich auch bei all den fleißigen Helfern, die die heutigen Festlichkeiten möglich gemacht haben«, sagte er und begann Familiennamen von einem Blatt abzulesen. Niels sah mich an. »Das ganze Dorf.«

Die Prozession warf lange Schatten in die flach getretenen Felder. Die Mädchen gingen voran, Kopf und Kinn erhoben. Immer wieder stießen sie ihre Schlachtrufe aus, die in den leeren Nebenstraßen widerhallten. In einigem Abstand folgten die Reiter, ihre Gesichter von der Hitze gerötet. Manche hatten sich die Schärpe ausgezogen und über die Schulter gelegt. Hinter ihnen führten Jungen die aufgetrensten Pferde an Stricken. Es waren große, kräftige Pferde, auf ihren Rücken lagen Schabracken. Danach folgte der Rest – Kinder, Frauen, die Alten. Wir gingen ganz am Ende. Etwa einen Kilometer dorfauswärts hielten wir vor einem Forst. Auf einer Geraden zwischen zwei Hügeln war eine Bahn mit Holzpolen und Stoffbändern abgesteckt worden. Die Pferde wurden ans hintere Ende der Bahn geführt. Entlang der Strecke standen Holzbänke, Zelte mit hochgeklappten Seitenwänden und Bierpilze, an denen bereits Männer auf Getränke warteten. Kinder mit Zuckerwatte in den Händen kamen uns entgegen. Wir stellten uns neben eines der Zelte, Niels besorgte zwei Bier in Plastikbechern. Ich nahm einen Schluck, zog die Mütze aus und wischte mir damit den Schweiß aus dem Nacken. Die Mädchen hatten die Kränze abgelegt, tranken rote Bowle, schüttelten Hände und ließen sich fotografieren. Zwischen den vorderen Holzpolen stand ein in der Erde verankertes Tor aus geflochtenen Weidenruten. In der Mitte hing ein Korb, in dessen Boden sich eine Öffnung befand. Aus der Öffnung ragte der Kopf eines Hahnes.

Niels drückte mir das nächste Bier in die Hand.
»Bin gleich brack«, sagte ich.
Er nickte. »Geht runter wie Öl das Zeug.«
Der erste Reiter preschte über die Bahn, ein kleiner Punkt,

der schnell größer wurde. Er winkelte den Oberkörper ab, streckte den Arm aus, zog aber kurz bevor er den Korb erreichte die Hand zurück.

Ich nahm Niels den Becher ab. »Komm, ich bin mal dran mit Holen.«

Vor dem Bierpilz war es leer, alle standen vor den Bänken und sahen den Reitern zu. Die Mädchen hatten sich in einiger Entfernung hinter dem Torbogen aufgestellt. Der Mann am Zapfhahn beobachtete das Geschehen hinter mir. Weißer Schaum lief ihm über die Hand. Ich gab die Becher zurück und bestellte neues Bier. Ein Raunen ging durch die Menge. Ich drehte mich um.

»Nichts passiert«, winkte Niels ab.

Der nächste Reiter rutschte einige Meter vor dem Torbogen vom Pferd. Er blieb einen Moment auf dem Boden liegen, stand dann langsam auf und klopfte sich den Staub vom Bauch. Die Leute lachten. Ein kleiner Junge blieb vor uns stehen. »Von denen da«, sagte er und reichte uns zwei Gläser mit Bowle. Er wartete einen Augenblick und rannte schließlich kichernd davon.

Zwei Mädchen winkten uns zu. Sie trugen helle Caprihosen und pastellfarbene Trägertops. Ihre Haut war gebräunt.

»Könntest ihr Vater sein«, sagte Niels.

»Männer sind wie Wein«, sagte ich, »sie werden im Alter immer besser.«

Niels grinste. »Manchmal werden sie auch zu Essig.«

Ich prostete den beiden zu und nahm einen Schluck. Die Bowle schmeckte zuckersüß.

Niels schüttelte den Kopf und nickte Richtung Dorf.

»Hast ja Recht«, sagte ich. »Gehen wir uns nur grad bedanken.«

Die eine hatte Knopfaugen und einen schmalen Streifen Sommersprossen über der Nase, der ihr bis unter die Augen reichte.

Ich hob das Glas. »Womit haben wir das verdient?«

»Wo kommt ihr her?«, fragte die eine, und die andere gleichzeitig: »Was macht ihr hier?«

»Ist das ein Verhör?«

»Aus dem Rheinland«, sagte Niels.

Die mit den Sommersprossen biss sich auf die Unterlippe. »Ist ja nicht gerade um die Ecke.«

Die andere fragte: »Und wieso seid ihr hier?«

»Um uns das hier anzusehen.«

»Ach so«, sagte sie und machte eine wegwerfende Handbewegung. »Letztes Jahr hat's drei Stunden gedauert, bis der Gockel den Kopf abhatte. Total langweilig.«

Ich sah zu Niels.

»Manchmal geht es aber auch total schnell«, sie hob ihre Augenbrauen. »Nur ein paar Minuten.«

»Ist das denn besser?«

»Kommt drauf an.«

Niels tippte mir auf die Schulter. »Alter, wir müssen.«

Ich trank den letzten Schluck Bowle.

»Wo müsst ihr hin?«

»Wir haben noch 'n Termin«, sagte ich.

»'n Termin. Wo denn?«

»Woanders.«

»Schade.« Sie spielte an ihrer Goldkette. Der Anhänger, ein kleines Herz, lag genau auf ihrem Schlüsselbein.

»Danke für die Bowle«, sagte ich und reichte ihr das Glas.

»Müsst ihr wirklich schon weg?« Sie lächelte und strich über den Kettenanhänger.

»Man sieht sich immer zwei Mal«, sagte Niels.

Mein Vater arbeitete früher jahrelang schwarz bei einem Bauklempner, der Peter Putzstück hieß – ich werde diesen Namen nie vergessen. Peter Putzstück war ein großer, massiger Mann, mit sehnigen Unterarmen aus denen die Adern hervortraten. Er besaß einen Verhau draußen auf den Siegwiesen, wo er sein Werkzeug aufbewahrte und Material lagerte. Außerdem züchtete er dort Hühner. Er fuhr jeden Morgen in aller Frühe hin, holte frische Eier, machte die Käfige sauber und sammelte Mist ein, den er als Dünger für seinen Garten verwendete. Mein Vater traf sich mit ihm sonntags dort, sie tranken Bier, schossen mit dem Luftgewehr auf leere Flaschen und erzählten sich dreckige Witze, die sie auf den Baustellen aufgeschnappt hatten. Wenn Peter Putzstück meinem Vater den Wochenlohn zahlte, ließ er es aussehen wie eine Sache zwischen zwei Freunden. Manchmal durfte ich mit. Dann beobachtete ich die Hühner, während sich die beiden in allen Einzelheiten über die Zuckerfabriken irgendwelcher Weiber unterhielten.

Einmal nahm mich Peter Putzstück an die Hand und ging mit mir zum Baumstumpf hinter dem Verhau. Er zog eine Axt aus seinem Hosenbund und sagte, gleich würde etwas geschehen, was jeder Mann gesehen haben sollte. Dann ging er zu einem der Käfige und zog den Verschlag auf.

Es dauerte eine Viertelstunde, bis der Körper ganz ruhig da lag. Der Hahn war noch ein paar Schritte ohne Kopf gelaufen. Ich berührte sein Blut auf dem Baumstumpf mit den Fingerspitzen. Peter Putzstück wischte die Axt mit einem ölverschmierten Lappen sauber und ging danach an den Fluss, wo er das Bier in einem Eimer kühlte.

Als wir das Ende des Feldwegs erreicht hatten, hörten wir die Menge applaudieren. Wir drehten uns um.

»Das Pferd, das vorhin die Biege gemacht hat«, sagte Niels und zeigte auf den Fuchs, der von den Mädchen umringt wurde. Vom Reiter war nichts zu sehen. Wir gingen ohne Hast ins Dorf zurück.

Beim zweiten Haus klappte es. Niels sprang über den Zaun und hebelte die Verandatür auf. Wir öffneten zuerst alle Küchenschränke. In einer Kaffeebüchse steckten fünf zusammengerollte Hunderter. Die Stufen in den ersten Stock knarrten. Im ersten Zimmer fanden wir nichts. Im Schlafzimmer durchsuchten wir die Nachtischschublade. Wir nahmen nur die Halsketten und Ringe. Wir hatten keine Ahnung, was der Schmuck wert war. Zurück auf dem Flur blieb Niels stehen und legte seinen Zeigefinger auf die Lippen. Aus dem Zimmer am Ende des Ganges konnten wir den Fernseher hören. Wir lauschten eine Weile. Ich schüttelte den Kopf. »Mach auf.«
»Nein, Mann«, sagte Niels.
»Mach auf«, sagte ich, »wirst sehen, is nix.«

Sie trug einen dunkelblauen Haushaltskittel. Ihr graues Haar zu einem Dutt geflochten. Die Brille war ihr von der Nase gerutscht. Zwischen den Redepausen in der Talkshow konnten wir ihr Schnarchen hören. Wir blieben einen Moment lang stehen und sahen der alten Frau beim Schlafen zu. Wir fassten nichts an, nahmen nichts mit.

Die Straßen waren immer noch menschenleer. Niels wickelte den Schmuck in eine Plastiktüte, das Bargeld teilten wir auf. Ich steckte zwei Hunderter in die Socken, den Rest in meine Hosentasche.

Ich sah sie schon von Weitem. Sie saßen auf der Mauer vor dem Kriegsdenkmal. Niels atmete scharf ein und blieb stehen. Ich drehte mich zu ihm um. »Alles gut.«

Wir gingen langsam weiter.

»Die nächste Runde geht aber auf uns«, sagte ich, »ich hoffe, ihr trinkt auch Bier.«

Die mit den Sommersprossen lachte. »Wir trinken alles.«

Karen sah von ihrem Handy auf. »Ihr seid doch die von heute morgen.«

»Stimmt«, sagte ich. Wir waren die einzigen Gäste.

»Helles?«

Ich sah zu Niels, der mit den beiden auf einen Ecktisch zusteuerte.

»Dunkles.«

Sie nickte. »Bringe ich.«

Ich setzte mich neben die mit den Sommersprossen. Sie schob ihr Knie gegen meins. Karen brachte das Bier und verzog sich wieder hinter den Tresen.

»Hattet ihr nicht noch einen Termin?«.

»Haben wir uns anders überlegt«, sagte Niels und tippte mit dem Zeigefinger an den Rand seines Glases.

Ich spürte ihre Hand am Reißverschluss meiner Jeans und fragte: »Weißt du, wo die Toiletten sind?«

»Ja«, sagte sie. »Hinten durch.«

Ich wusch mir die Hände und spritzte mir Wasser ins Gesicht. Sie wartete draußen im Gang. Meine Hand hatte ihr eigenes Gedächtnis. Zwischen ihre Brüste, um die Nippel streichen, dann unter dem Gürtel durch. Sie war so warm und klebrig wie das Blut hinter Peter Putzstücks Verhau.

Als sie meine Hose öffnen wollte, fasste ich um ihr Handgelenk und sagte: »Wart grad 'n Moment, ich hol 'n Gummi.«
Sie küsste meine Ohrmuschel. »Beeil dich.«

In der Luft lag der Geruch von Getreide. Die Sonne senkte sich ab und verschwand langsam hinter den Bäumen. Niels holte mich nach wenigen Minuten ein.
»Alles okay?«, fragte er.
»Was hast du den beiden erzählt?«
»Dass wir gleich wiederkommen. Und das Bier hab ich auch noch bezahlt.«

Unsere Sachen lagen in der Nähe einer alten Scheune unter Steinen und Gestrüpp. Wind strich durch den Weizen. Niels schulterte seinen Rucksack und blickte über die Felder in den Abendhimmel. »Suchen wir uns 'n Bahnhof.«
»Ja«, sagte ich. »Suchen wir uns 'n Bahnhof.«

Punchdrunk

»Krisse noch 'ne Stange?«

Ich nicke, und Charlie nimmt das leere Glas vom Tresen. Im Halbdunkel sitzt sie, die ganze Prominenz. Tom, der ewige Tom Dooley, die Muskeln erschlafft, das Haar licht, doch sein Blick sagt, dass er immer noch brandgefährlich ist. Daneben, unübersehbar, seine Eva, mit toupierten Haaren, Zigarettenspitze und blauem Lidschatten. Ihre Schäferhunde liegen schläfrig auf dem Boden, auch sie sind alt geworden. Dann Monkers Addi, der Dirnenmacher, der seine langen Finger um eine Kölschstange schließt. Glatte, der Riese, und ganz am Ende, hinter einer Wand aus Dunst, der schöne Kalle, der meiner Mutter vergeblich den Hof gemacht hat.

Charlie zieht an seiner Filterlosen und stellt ein frisches Bier auf den Tresen. »Bei den Mittelrheinischen, ich sach et dir, der macht die anderen Jung kapott, die sehen keine Sonne«, sagt er. »Der Krische, der is jot druff – ich mein, ihr habt et ja selbst jesehen, wie der letztens im Finale den Kanaken weggemacht hat, oder?« Charly hält inne und sieht in die Runde. »Und da han se och schon alle jesaat, *dat* wäre 'ne Bombe!

Tom trinkt einen Schluck Asbach-Cola und sagt: »Diesmal isset kein Fallobst.«

Charlie wirft den Lappen ins Spülbecken. »Wat willste damit sagen?

Tom schüttelt den Kopf. »Weed vill jeschwaadt.« Dann dreht er sich zu mir. »Un du? Wo warst du eijentlich de janze Zick?«

»In Portugal«, antworte ich.

»Wat haste denn *da* jemaat?«

»Hab gearbeitet.«

»Wat denn?«, fragt Charlie.

Ich schiebe ihm mein leeres Glas rüber. »Mal dies, mal das.«

Tom streicht sich über die Narbe am Kinn und sagt: »Soso, Portugal«, dann nimmt er einen großen Schluck Asbach-Cola.

»Wie lang biste wieder hier?«, fragt Eva mit ihrer dröhnenden Stimme und hustet.

»Seit 'n paar Tagen.«

»Warste schon deinen Alten besuchen?«

Ich schüttele den Kopf.

»Dem geht's beschissen«, sagt Charlie, »is wohl die Leber.«

»Kannste nich mal dein Maul halten«, sagt Tom. »Is erst 'n paar Tage hier, der Jung!«

Charlie hebt die Hände. »Is ja jot!«

Tom sieht mich an, dann Charlie, dann auf den Tresen, wo nur noch leere Gläser stehen. »Bei mir musste dich nich entschuldijen«, sagt er.

Charlie räuspert sich. »Ich jeb 'ne Runde, un dann is Frieden.«

»Na also!«, sagt Tom und klopft mir auf die Schulter.

»Schön, dasse wieder hee bis.«

Zuerst sieht man nur die Bewegung in der Schulter, ein kurzes Zucken, doch man weiß, was geschehen wird: Der Arm verlängert sich, die Faust schnellt nach vorne. Zwischen den Seilen verdichtet sich alles. Ich spüre, wie der Handschuh über meine Schulter gleitet, das Leder, die Wulst der Naht, und die Wucht, die wirkungslos bleibt. Jeder Schlag kostet Kraft. Und je öfter dein Gegner daneben schlägt, desto schneller ermüdet er.

Ich war kein guter Boxer. Mein Kampfrekord: 3/3/3 – genau in dieser Reihenfolge. Drei Siege. Drei Unentschieden. Drei Niederlagen. Im letzten Kampf bin ich dann k. o. gegangen. War ein schönes Gefühl. Der rechte Haken von diesem anderen Jungen, der hat gut gepasst, der war wie für mich gemacht. Ich brauchte nur die Deckung fallen lassen. Du wirst leicht wie eine Feder, alles ist rund und weich und schön. Manchmal frage ich mich, ob ich jemals zurückgekehrt bin. Man hört das immer wieder, Stanley Ketchel und andere. Es gibt sogar einen Begriff dafür. Man nennt es *punchdrunk*. Und genauso fühle ich mich. Besoffen von diesem einen Schlag.

Ich sitze im Gang und starre die Wände an. Sie haben gesagt, ich hätte besser planen sollen, das wäre bei zweimal einer halben Stunde Besuchszeit im Monat nicht schwer. Eigentlich weiß ich nicht, warum ich hier bin. Mein Alter war mir schon egal, bevor das mit Irene passiert ist. In manchen Nächten habe ich ihn an den Tresen dieser Stadt getroffen. Dann stand er da, trank, erzählte Geschichten, und es war, als sei er ein Fremder. Hat immer gesagt, es gehe ihm gut, und dich dabei angesehen, als würde er dir gleich an die Kehle springen. Da war diese Wut in ihm, die irgendwann ausbrach wie eine Krankheit. Am Ende brauchte er etwas Warmes, etwas Lebendiges, das er kaputt machen konnte. Meine Mutter hat es nicht lange ausgehalten. Als sie am Ende ins Frauenhaus abgehauen ist, hat mein Alter gesagt, »die Fotze soll mal schön da bleiben«, das war alles.

Der Schließer kontrolliert noch einmal Perso und Besuchsschein. Er hat einen Schnäuzer und riecht nach Tabak. Für einen Moment stelle ich mir vor, dass er mich an die Hand nimmt. Danach geht es durch den Detektor, Schuhe aus, Uhr ablegen. Aus dem Automaten ziehe ich Zigaretten, ein Paket Tabak und eine Tafel Schokolade. Der Besuchsraum ist lang und schmal. Tische und Stühle aufgereiht wie in einem Klassenzimmer. Ganz am Ende sitzen zwei Männer und eine Frau, die leise miteinander sprechen. Dann geht die Tür auf. Ich erkenne ihn schon an den Schritten. Er setzt sich mir gegenüber. Weich geworden. Keine Muskeln mehr. Ich muss an Irene denken, diese aufgedunsene, stark geschminkte Frau, mit der er die letzten Jahre zusammengelebt hat. Auch sie hat er verprügelt. Jeder wusste das. Trotzdem ist sie bei ihm geblieben. Wie ein Hund, dem man in die Rippen tritt, und der doch immer wieder zu einem zurückkehrt. Weil er nichts anderes kennt. Weil er glaubt, das sei Liebe.

»Is der Koffer für mich?«, fragt er und streicht über den Tabak. Die Schokolade rührt er nicht an. Da ist nichts mehr in seinen Augen. »Wo warsten so lang?«

Das Zellophan knistert, als er die Schachtel Zigaretten öffnet. Dann macht er etwas, das mir einen Stich versetzt.

Er reißt ein Stück Silberpapier aus der Packung und formt daraus eine kleine Kugel. Ich erinnere mich, wie wir auf dem Balkon gesessen haben – er mit einer Flasche Bier, ich mit meinen Spielsachen – und wie er genau solche Silberkugeln von der Tischplatte geschnippt hat.

»In Portugal«, antworte ich. Er richtet sich auf und nimmt eine Zigarette heraus.

»Boca do Inferno«, sagt er leise, ich verstehe ihn kaum. »Biste da auch gewesen?«

»Nein«, sage ich, »war das Jahr nur in Lagos.«

Er steckt sich die Zigarette zwischen die Lippen. »Was hasten da gemacht?«

»Für 'nen Australier gearbeitet, der hat Bars beliefert. Hab da Eismaschinen bedient und bin mit 'nem Kühllaster die Algarve lang.« Unsere Blicke treffen sich. »Wusste nicht, dass du mal in Portugal warst?«

»Fernfahrer«, sagt er und lächelt. Dann zündet er sich die Zigarette an. »Marokko, Tunesien, wat de wolltest. Bevor ich deine Mutter kennen gelernt hab.«

»Haste nie von erzählt«, sage ich.

Er nimmt einen tiefen Zug und stößt Rauch aus der Nase.

»Hast dich verändert,« sagt er und öffnet die Faust. Auf seiner Handfläche immer noch die Kugel. »Biste noch auf'm Saft?«

»Hab's unter Kontrolle«, sage ich, und er lässt die Kugel wieder verschwinden.

»Warste schon im Handtuch?«

»Anfang der Woche.«

»Noch alle da?«

»Ja«, sage ich, »alles wie früher.«

»Haste was von deiner Mutter gehört?«

»Nein.«

Sie hat wieder geheiratet und lebt mittlerweile in Florida. Keiner sollte das erfahren, aber ich habe am Telefon einer ihrer Freundinnen vorgemacht, da läge wer aus dem engsten Kreis im Sterben.

»Hab gehört, sie hat 'nen neuen Stecher«, sagt mein Vater und drückt die Zigarette aus.
 Ich zucke mit den Achseln. »Keine Ahnung.«
 »Ich denk oft an sie.« Er sieht mich an. »Hier drinnen denkste viel nach, über alles Mögliche. Liegst auffer Zelle, glotzt anne Decke, und dann rattert es da drin!«, sagt er und tippt sich gegen die Stirn. »Wo wohnsten eigentlich?«
 »Bei Marlene«, sage ich, »nachdem der Alfred gestorben is, hat sie ja Platz.«
 »Zahlste ihr was?«
 »Hab ich vor. Guck mich grad um.«
 Er nickt. »Die soll mal schön ihre Fresse halten.«
 »Ach, komm, die is schon in Ordnung – hätt ja auch sagen können, ich scheiß dir was.«
 »Is ja jot«, sagt mein Vater und hebt die Hände, »ich mein ja nur!«
 Dann sitzen wir da und schweigen. Eine halbe Stunde. Zweimal im Monat. Als ich gehe, drehe ich mich nicht um.

Auf meinen ersten Brief hat sie nicht geantwortet. Auf den zweiten dann. Ich dachte, wir hätten etwas gemeinsam. Das hatte ich ihr geschrieben. Und dass ich verstehen kann, warum sie keinen Kontakt mehr haben will. Als ihr Brief ankam, musste ich ihn mehrmals lesen. Danach habe ich verstanden, dass sie nicht mehr meine Mutter sein will. Zwischen den Zeilen stand es: Sie hat die Prügel nur wegen mir ertragen. Ich stelle mir vor, wie sie in Miami sitzt, meinen Brief zerreißt und ihren neuen Nachbarn erzählt, sie sei kinderlos geblieben.

Es gibt nur ein Laufhaus in der Stadt. ›Die sündige Meile‹ nennen sie es. Ein hell erleuchtetes Backsteingebäude im Industriegebiet. Ich war vor Jahren mal dort. Eine Schwarze hat sich mit mir abgemüht, einen halben Kopf größer als ich, Hände wie Tellerminen. Hat mir auf den Schwanz gerotzt und gelutscht wie sonst was, aber ich war zu besoffen. Als ich durch den Flur gehe, hocken die Mädchen vor den Zimmern. Die meisten Türen stehen offen. Im zweiten Stock kommt mir ein Typ mit zwei Aldi-Tüten entgegen. Er grinst mich an. Schließlich bleibe ich bei einer schmächtigen Asiatin mit Silberblick hängen. Sie sagt kein Wort, nimmt mein Geld und fordert mich mit einer Geste auf, meine Hose runterzulassen. Nachdem sie meinen Arsch inspiziert hat, darf ich mich aufs Bett setzen. Dann reibt sie mir ihre kleinen Titten unter die Nase. Sie riecht gut. Ich lege ihr den Zeigefinger auf die Lippen und sie versteht. Als ich aufstehe und gehe, winkt sie zum Abschied. Abschied, denke ich. Immer muss man gehen.

Mittelrheinmeisterschaften, A-Turnier. Wir sitzen auf der Tribüne, verfolgen die Ausscheidungskämpfe. Langweiliges Geschiebe. Kaum Treffer. Die ganze Bagage hat sich in Schale geschmissen. Tom drückt Eva an sich, Charlie wippt mit dem Fuß auf und ab. Dann endlich steigt Christian, ›Krische‹, in den Ring. Viertefinale im Schwergewicht. Kurzes Abtasten, Jabben auf die Handschuhe. Krische mit einem schulmäßigen Side-Step und der Rechten hinterher. Sein Gegner taumelt in die Ringecke und wird angezählt. Gegen Ende der Runde geht er ein zweites Mal zu Boden.

Der Ringrichter bricht den Kampf ab. Charlie schlägt mir auf die Schulter und brüllt: »Super, der Jung!«

Vor dem Halbfinale das Wiegen und die ärztliche Untersuchung. Tom sagt, Krische macht es heute und dann ab zu den Westdeutschen. Die Stimmung steigt. Wir stehen vor der Halle und rauchen. Charlie hält mir den Flachmann hin und ich nehme einen Schluck. Ich spüre den Alkohol, hatte lange keinen mehr sitzen. Charlie schreit wieder rum, Tom küsst Eva, ich muss pissen. Vor den Toiletten eine Schlange. Zwei Boxer vor mir. Junge Typen, verschwitzt im Trikot. Mir gehen tausend Dinge durch den Kopf. Der Blick meines Vaters. Die ordentliche Handschrift meiner Mutter. Die Fressen von Charlie und Tom.

Ich komme erst im Auto wieder zu mir. Eva hat ihren Arm um mich gelegt. Der Verkehr stockt. Ich sehe aus dem Seitenfenster: Menschen auf den Straßen. Alles Wesen, die es zweimal gibt – einmal innen, einmal außen. Wir wissen so wenig voneinander.

»Wat is los mit dir, Jung?«, fragt Tom und schiebt mir eine frische Stange rüber. Tom ist Engländer, ein ehemaliger Soldat, der in der Gegend stationiert war, und wegen seiner Eva geblieben ist. Ganz selten hört man es noch an seinem Akzent, ansonsten ist er im Rheinischen aufgegangen. Nur mit dem deutschen Fußball konnte er sich nie anfreunden. Ihm wird da zu viel abgepfiffen. Hat mit meinem Vater im Sägewerk gearbeitet. Am Wochenende sind sie gemeinsam die Kneipen aufmischen gegangen.
 »Warst bei deinem Alten?«
 »War ich.«

»Der Knast is scheiße«, sagt Tom. »Mit Irene, weißte … dein Alter, der sitzt nich umsons, so isset nich.« Er stockt und schüttelt den Kopf. »Aber da drin, das is nich mehr dein Vater.«

Ich nicke und winke Charlie mit dem leeren Glas zu.

Mit dem Saufen habe ich angefangen, nachdem ich die Ausbildung bei Hochköpper geschmissen hatte. Radio und Fernsehtechniker. Da hing ich vor den Platinen, sollte aus etwas Kaputtem etwas Ganzes machen. Beim Saufen musste ich mich nur auf eine Sache konzentrieren. Das Beste war, dass ich immer von Neuem beginnen konnte. Tassen hoch und auf das Vergessen. Bis man auch das vergisst. Bis man das Vergessen vergisst.

Dann sind wir auf der Straße. Es hat geregnet. Eva will nach Hause, das kriege ich noch mit, sie sei ja schließlich nicht mehr die Jüngste. Ich spüre Toms Arm auf meiner Schulter und weiß, was Ambach ist.

Kneipen. *Lady Hamilton*. Gesichtskontrolle. Dunkler Raum. Zwei Gin Tonic, im Hintergrund die Eagles. Tom raucht wie ein Schlot. Weiter. *Peppermint Black*. Vodka-Lemon. Wir stehen an der Theke, starren auf die grell beleuchtete Tanzfläche. Dann *Schluckspecht*. Zwei Kurze. Zwei Kölsch. Die Musik ist gut, und Tom kennt da wen. Man sieht an ihren Blicken, dass sie spitz sind. Die eine sagt, sie heiße Bärbel, und ich denke, seit tausend Jahren heißt niemand mehr so. Die nächste Runde. Bärbel raucht Kim, wie meine Mutter. Sie streicht mir über den Schwanz, während wir miteinander sprechen. Dann sind wir auch schon im Weiberklo. Ich lehne mich gegen die Kacheln. Wir mühen uns ab, bis er endlich drin ist. Vierzehn Zentimeter. Raus und rein. Irgendwann sind es nur noch zerlaufene Farben.

»Bist wie dein Alter«, sagt Marlene. Sie steht im Bademantel vor der Anrichte und macht Kaffee. Ich antworte nicht. Tante Marlene. Immer da für mich. Interessiert hat sie mich nie. Ihr Mann war Elektriker, richtig alte Schule. Hat sich die Fingerspitzen angefeuchtet und gefühlt, ob Saft auf der Leitung ist. Herz wie ein Pferd. Ist dann einen lächerlichen Tod gestorben. Hirnblutung. Künstliches Koma. Nie wieder aufgewacht.
»Nur Suff im Kopp«, sagt sie und zündet sich eine Zigarette an. Sie stellt eine Kaffetasse vor mich und setzt sich zu mir an den Tisch.
»Haste schon nach Arbeit geguckt?«
Ich schüttele den Kopf.
»War mir klar.«
»Find schon noch was, mach dir mal keine Sorgen«, sage ich und nippe am Kaffee.
Sie zündete sich eine neue Zigarette an. »Kannst auch auffe Luxemburger gehen, da hat sich nichts geändert, aber fang bloß nit dat Maggeln an, hörste?«
»Mach ich schon nicht, Tante Marlene.«
»Warst bei deinem Vater, hab ich gehört?«
»Haste richtig gehört«, sage ich und nehme mir eine Zigarette aus ihrer Schachtel.
Sie reicht mir das Feuerzeug. »Wär er nich mein Bruder ...«
»Et kütt, wie et kütt«, sage ich.
Sie sieht aus dem Fenster und senkt den Blick. »Dat Irene tut mir so leid, die hat deinem Vater ja nix getan.«
Irene. Eine feuchtfröhliche Nacht. Mein Alter im Sonntagsstaat, mit der Flasche in der Hand durch die kleine, dunkle

Bude wankend. Nur so kann es passiert sein. Sie sagt was Falsches oder eben nichts Richtiges. Und für die Nachbarn ist sie halt die Treppe runtergefallen. Aber wenn ihr Gesicht anschwillt, dann weiß ich doch, sie hat genug, sie hat's verstanden. Nein, mein Alter musste noch mal reinlangen, und noch mal, und noch mal.

Marlene dreht sich weg. Ich berühre sie an der Schulter und spüre ihren Atem an meiner Hand.

»Warum biste überhaupt wiedergekommen«, fragt sie.

Ist ein trister Sonntag, Langeweile liegt wie lähmendes Gas über der Stadt. Ich laufe sinnlos in der Gegend herum. Durch die Siedlung, die Winterberger entlang. Das Haus von Stöckers haben sie abgerissen, da ist jetzt ein Neubau, Sozialwohnungen. Hier, auf der Straße, habe ich meinen ersten Joint geraucht. Da war ich zwölf. Weiter durch das Waldstück mit den Teichen. Hinter den Bäumen die Umrisse der Möbelfabrik vom Seiler. Früher mal ein florierender Betrieb, haben international exportiert. Möbel aus Kirschholz. Schleiflackästhetik. Dann ist der alte Seiler gestorben, und sein Sohn hat in Immobilien gemacht. Die Gebäude stehen noch, doch alles verfällt. Unkraut wächst durch den Beton. Ich gehe durch die Unterführung zum Laufhaus.

Sie hat gelächelt, als sie mich gesehen hat. Sie ist so klein und zart. Fast traue ich mich nicht, sie anzufassen. Ich spüre ihren kühlen Körper, lausche ihren Atemzügen. Auf ihrer Wange feine, farblose Härchen, die alle in die gleiche Richtung zeigen. Dann sagt sie etwas in ihrer Sprache und für einen Moment ist alles Professionelle aus ihrem Blick verschwunden. Ganz langsam beugt sie sich nach vorne, berührt meine Lippen mit ihren.

Später sitze ich am Küchentisch, trinke Kaffee, den ich mit Marlenes Cognac verlängere. Sie ist außer Haus, einkaufen. Ich beuge mich über das weiße Blatt Papier. Es wird der letzte Brief an meine Mutter sein.

Da ist wieder der Schließer mit dem Schnauzbart. Der Besuchsraum ist diesmal voller. Es wird geraucht, geredet. Kinder stehen zwischen den Erwachsenen, verstehen noch nicht ganz. Mein Alter sitzt ganz hinten.
»Schön, dasse kommst«, sagt er. »Wie geht's draußen?«
Ich schiebe ihm Kaffee und Tabak über den Tisch. »Such Arbeit.«
Er zieht die Augenbrauen hoch. »Immer dat Gleiche.«
Dann zündet er sich eine Zigarette an und wir reden, über die Fortuna, übers Boxen, die Bagage im *Schmalen Handtuch*, Marlene.
»Immer nur zum nächsten Ersten«, sagt er zum Abschied und lächelt. »Wird alles jot.«

Wir stehen da wie Nutten: Glimmstengel im Mund, Hände in den Taschen, den Blick in die Ferne gerichtet. Stehen da und warten darauf, gefickt zu werden. Die ganze Luxemburger runter stehen wir, in kleinen Gruppen – Rumänen, Bulgaren, Polaken, Deutsche. Wir warten auf Freier. Die kommen gegen fünf Uhr morgens. Fahren mit ihren Kastenwagen an den Bordsteinrand und scheuchen alle auf. Sie sagen, sie zahlen 'n Fuffi für 'nen Tag. Dann kommt einer von den Kanaken und sagt, er macht es für dreißig. Irgendwann kaufen sie dir nur noch eine Stulle und Automatenkaffee.

Gestern war ein guter Tag. Bin mit zwei Türken mitgefahren, Estrich verlegen im Neubau. Ich zahle Marlene einen

Obolus fürs Essen. Sie will für das Zimmer nichts haben. Ich soll das Geld sparen, hat sie gesagt und mir die Geldkassette vom Alfred gegeben. Er war zwanzig Jahre Kassenwart beim Fußballverein. Achthundert habe ich schon. Ich will wieder weg. Diesmal vielleicht nach Asien, zu den kleinen Frauen mit den farblosen Härchen.

Nachtfahrt

Er lässt die Hand für einen Moment auf dem kleinen Körper ruhen. Manchmal wacht sein Sohn noch auf, weil er schlecht geträumt hat. Dann liegen sie schweigend nebeneinander.

Er zieht ihm die Bettdecke bis zur Brust, steht auf und schließt die Zimmertür. Im Bad schaltet er das kleine Licht an. Die ovale Bürste liegt immer noch im Spiegelschrank. Er hält sie in den Händen, betrachtet sie. Ihr Haar ist dunkelblond gewesen. Im Flur nimmt er den Autoschlüssel von der Kommode. Das Licht lässt er brennen.

Die Straßen sind leer. Er parkt am Wehr und geht den flachen Hang hinunter. Der Fluss liegt schwarz vor ihm. So viel Wasser, denkt er, und nichts davon geht verloren. Auf der anderen Uferseite zeichnen sich die Strommasten vom Himmel ab. Im vergangenen Sommer hatten sie gemeinsam auf der Wiese gepicknickt. Sie hatte die Decke ausgebreitet und die belegten Brote ausgewickelt. Er hatte seinem Sohn erklärt, warum die Vögel, die auf den Leitungen sitzen, keinen Stromschlag bekommen.

Er kehrt zu seinem Wagen zurück, sitzt eine Zeit lang in der Dunkelheit und trommelt mit den Fingern auf das Lenkrad. Dann startet er den Motor. Den Weg ist er schon oft gefahren.

Das Mietshaus am Ende der Straße ist unscheinbar. Er kurbelt das Seitenfenster herunter und starrt auf die Fassade. Zweiter Stock, linke Hand. Oft brennt nachts noch Licht. Einmal hat er einen Schatten hinter einem der Fenster gesehen. Was tut dieser Mann? Kann er schlafen? Kann er eine Sekunde lang nicht daran denken?

Wenn er die zehnte, elfte, zwölfte Runde um das Haus gedreht hat, stellt er sich vor, wie sich auf einmal die Tür öffnet und aus diesem Schatten ein Mensch aus Fleisch und Blut wird. Er spürt das Ziehen im Unterleib während der Beschleunigung, den Aufprall – weicher Körper, hartes Metall.

Als er zurück in die Wohnung kommt, ist es Morgen. Er geht durch den Flur und bleibt im Türrahmen stehen. Sein Sohn schläft. Die Bettdecke liegt auf dem Boden. Er hebt sie auf und spürt den noch warmen Stoff in seinen Händen.

Vor dem Fest

Meinen Vater, der in der Einfahrt stand, hielt ich zuerst für den Typen, der die Zeitungen austrägt. Seine Haare hingen ihm bis zu den Schultern, der Bart lang und grau. Ich parkte auf der anderen Straßenseite und ließ alles im Kofferraum.
»Willste bei den Stones einsteigen?«
Er lachte. »Haste kein Gepäck?«
»Hol ich nachher.«
»Erst mal 'n Bier?«
»Bier ist gut.«
Ich öffnete das Tor. »Sind die Mädels schon da?«
»Nicole ja«, sagt er. »Julia ist noch unterwegs. Haben eben angerufen. Stehen vor Leverkusen.«
»Ist ja immer Stau bei denen.«
»Komm erst mal rein. Bier is im Eisfach.«

Die Küche war dunkel und kühl. Sie hatten alles renoviert, es sah ungewohnt aus. Mein Vater nahm zwei Sünner aus dem Eisfach und öffnete sie mit einem Löffelstiel. Wir lehnten an der Spüle und tranken.
»Wo is'n die Mutter. Und Nicole?«, fragte ich dann.
Mein Vater atmete geräuschvoll aus. »Im Wohnzimmer.«

»Ist da dicke Luft oder was?«
Er winkte ab. »Nee, alles in Ordnung.«
»Dann sag ich mal Hallo.«
»Mach das.«

Meine Mutter saß auf dem alten Sessel neben dem Kamin. Sie hatte sich kaum verändert.
»Bist du gut durchgekommen?«
Ich nickte. Im Halbdunkel erkannte ich meine jüngere Schwester. Sie rauchte eine Zigarette. Ich sagte: »Hi, Nicole«, aber sie schwieg, und meine Mutter warf mir einen Blick zu, den ich sofort verstand.

»Was'n mit der Nicole passiert?«, fragte ich meinen Vater, als ich in die Küche zurückkehrte. Er legte den Zeigefinger auf die Lippen und bedeutete mir, die Tür zu schließen.
»Sie meint, es sind die Drüsen.«
»Die ist ja echt das Dreifache!«
Er zuckte mit der Schulter. »Ich sach da nix mehr zu. Gibt bloß Ärger.«

Drei Zigaretten später saßen wir auf den Rattanstühlen und sahen den Kois im neu angelegten Teich zu.
»Willste noch Bier?«, fragte mein Vater.
»Soll ich holen?«
»Mach ich schon«, sagte er.
Ich drückte die Zigarette auf einer Untertasse aus, die er aus dem Verschlag geholt hatte. Das Bier, das er mitbrachte, war eiskalt.
»Wie läuft's in Berlin?«
»Kennst das doch«, sagte ich.
»Von der Hand in den Mund.«

»So ähnlich.«
»Brauchste denn Geld?«
»Lass mal. Alles okay. Wo is'n eigentlich der Marco?«
Mein Vater räusperte sich und sagte: »Kannste dir doch denken, oder?«
»Nee, was denn?«
»Will ja nix sagen, aber ich kann das schon verstehen.«
»Ach, die haben sich getrennt meinst du?«
»*Er* hat sich getrennt.«
Ich nickte und schwieg. Ein silberfarbener SUV bog in die Einfahrt. Ich erkannte Julias Gesicht hinter der Scheibe, auch das von Thomas, ihrem Mann.
»Haben die im Lotto gewonnen?«
»Die kaufen alles auf Raten«, sagte mein Vater leise. »Auto, Fernseher, Klamotten, aber Thomas meint, alles unter Kontrolle.« Er sah mich an. »Mia weiß schon gar nicht mehr wohin mit dem Kram. Die hauen Geld raus, was die noch gar nicht verdient haben.«
»Könnte mir nicht passieren.«
»Wieso?«
»Bin nicht kreditwürdig.«

Thomas öffnete das Tor, und Julia begutachtete die Kräuterspirale, die meine Mutter jedes Jahr verblühen ließ. Mia winkte uns zu. »Ihr fangt ja früh an mit dem Saufen«, sagte sie und zeigte auf die Flasche in meiner Hand. »Krieg ich auch 'n Schluck?«
Ich starrte auf ihren nackten Bauchnabel. »Deine Mutter dreht mir den Hals um.«
»Und du willst mein Onkel aus Berlin sein?« Sie lachte und verschwand dann im Haus.
»Mann, ganz schön groß geworden.«

Mein Vater nickte. »Kannste laut sagen.«

»Die feinen Herren lassen es sich gut gehen«, sagte Julia und gab meinem Vater einen Kuss auf die Stirn. Sie hatte sich ihre Sonnenbrille ins Haar gesteckt.

»Schön, dass du es geschafft hast.« Thomas gab mir die Hand. »Dein Twingo vorm Haus?«

»Von 'nem Kumpel.«

»Dachten wir uns schon«, sagte Julia, ich sah auf den SUV, sagte aber nichts weiter.

Thomas zeigte zur Haustür. »Wir gehen grad mal rein, den Rest begrüßen«

Mein Vater sah mich an. »Ich hab nicht darum gebeten, dass meine Tochter den heiratet«, sagte er, als die beiden im Haus verschwunden waren. »Hab schon beim ersten Mal erkannt, was das für einer is.«

»Und die Julia hat sich auf jeden Fall auch ganz schön verändert«

»Weißt du noch, wie sie diesen Typen verprügelt hat, der Nicole nicht in Ruhe lassen wollte?«

Ich lachte. »Jürgen Reis! Klar erinnere ich mich. Wast macht der heute eigentlich?«

»Maler«, sagte mein Vater. »Kleine Firma, zwei Wagen hat der. Dem sein Sohn ist letztes Jahr verunglückt.«

»Ach, verdammte Scheiße.«

»Bei Hölscher unten am Neubau. Der Junge mit der Schubkarre auf der Planke unterwegs, kippt das Ding.«

»Und er hat nicht losgelassen?«

»Aus'm dritten Stock. Hals gebrochen.« Er sah mich an. »Siebzehn Jahre.«

Wir schwiegen.

»Wie alt ist die Mia jetzt?«, fragte ich dann.

»Fünfzehn.«

Mit Fünfzehn bin ich von zu Hause abgehauen, die Polizei hat mich nach ein paar Wochen an der dänischen Grenze aufgegabelt. Ich hatte meinem Vater dreihundert Mark aus dem Portemonnaie geklaut und bin nachts zur Raststätte. Ein ungarischer Kraftfahrer hat mich bis Hamburg mitgenommen. Gleich in der ersten Nacht wollte ein Junkie mir die Schuhe abziehen und fuchtelte mit einem rostigen Schraubenzieher vor meiner Nase herum. Auf der Fähre nach Rodby hat mich die Schmiere dann gekascht.

»Hol grad mal meine Sachen aus'm Auto«, sagte ich.
 Mein Vater streckte die Beine aus und nahm sich eine Zigarette aus der Schachtel. »Kannst in dein altes Zimmer«, sagte er. »Ist noch alles da.«
 Ich nickte und ging zum Wagen. Der Rucksack im Kofferraum wirkte in diesem Moment klein und schäbig.

Das große Townes-van-Zandt-Poster hing noch in der Wandschräge. Ich setzte mich an den Schreibtisch und öffnete die Schubladen. Sie waren leer, aber da war immer noch dieser vertraute Geruch. Auf dem Bett lagen frische Handtücher. Ich nahm eines in die Hand und faltete es auseinander. Meine Mutter klopfte gegen den Türrahmen. »Sind für dich.«
 »Hab ich mir gedacht, danke dir.«
 »Mehr hast du nicht?«, fragte sie und zeigte auf den Rucksack.
 »Bleib ja nur 'n paar Tage.«
 Sie nickte. »Schmal biste geworden.«
 »Idealgewicht.«
 Sie schüttelte den Kopf. »Bist du noch mit der zusammen, hier, die mit den vielen Tätowierungen?«

»Schon was länger nicht mehr.«
»Wie kann sich ein so schönes Mädchen nur so verschandeln?« Sie lächelte. »Na ja, in Berlin ist so was vielleicht normal, da gibt's 'ne Menge verrückter Leute.«
»Stimmt«, sagte ich. »Mehr als hier auf jeden Fall.«

Als sie gegangen war, legte ich mich aufs Bett und schloss die Augen. Die Freundin mit den Tätowierungen hatte ich Anfang des Jahres in den Tannenhof nach Brandenburg bringen müssen. Wir saßen im gleichen geliehenen Wagen, mit dem ich gekommen war, hörten die Bottle Rockets und rauchten eine Zigarette nach der anderen. Zwischen uns war schon ein paar Monate lang nichts mehr gelaufen, aber ich konnte sie nicht einfach so verlassen, das hätte sich falsch angefühlt. Seitdem hatte ich nichts mehr von ihr gehört.

Ich stand auf und ging runter in die Küche. Das Haus war leer. Mein Vater saß immer noch vor dem Teich, die Augen geschlossen. Ich setzte mich neben ihn.
»Sind alle ausgeflogen«, sagte er.
»Ja, ist so ruhig.«
»Hab mir 'nen neuen Dreher gekauft.« Er öffnete ein Auge. »Steht im Partykeller. Und die Monolith auch.«

Im Partykeller war es dunkel und kühl. Mein Vater schaltete die Stereoanlage an, legte eine Scheibe von Rory Gallagher auf und drehte die Lautstärke hoch. Dann holte er zwei Pinnchen und eine Flasche Zinn 40 aus dem Kühlschrank. Wir standen an der Theke und hörten die komplette erste Seite von *Deuce*. Nachdem der Tonarm zurückgeschwenkt war, setzten wir uns auf die Hocker und starrten auf die halbleere Flasche Schnaps.

»Ich leg mich was hin«, sagte mein Vater. »Will beim großen Fressen nachher fit sein.«

Ich klopfte ihm auf die Schulter. »Wegpacken kannste jedenfalls immer noch ganz gut.«

Er lachte. »Bin ja auch im Training.«

Wir gingen hoch. Er legte sich auf die Couch im Wohnzimmer und machte den Fernseher an, die Zusammenfassung des Spieltags lief. In der Küche trank ich zwei Gläser Leitungswasser und suchte in den Schubladen nach Aspirin, fand aber keine. Ich nahm einen der Haustürschlüssel vom Brett und steckte meine Zigaretten ein.

Wo früher die Kepec war, stand jetzt ein Rewe-XXL. Der Parkplatz umfasste einen ganzen Straßenblock, war jedoch bis auf ein paar Autos leer. Ich las die Zettel auf dem schwarzen Brett im Eingangsbereich. Da wollte einer für einen VW Polo noch fünfhundert Euro haben, Baujahr 1999, Farbe wie Bonbonpapier.

»Machst'n du hier, Jimmy? Dachte, bist in Berlin jetzt, Alter?«

Ich drehte mich um. »Frank«, sagte ich. »Wie isset?«

»Jot«, sagte er. »Bei dir, Jung?«

»Mein Alter wird morgen siebzig.«

Er nickte. »Läuft bei dir. Berlin und so, geile Stadt. Wie lange bleibste?«

»Paar Tage nur.«

»Ach so«, sagte er. »Sonst hätten wir ma einen durchziehen können oben beim Tom.«

»Gibt's das Baumhaus noch?«

»Klar, beste Zeit meines Lebens, Sommer 94.«

Ich lachte, beugte mich nach vorne und fragte: »Haste denn was da? Nur 'n kleines Pickelchen?«

»Gehen wir da rüber.«

Wir blieben zwischen zwei Autos stehen. Er holte einen Plastikbeutel aus der Jackentasche und öffnete ihn. »Reicht das?«

»Alter!«, sagte ich und sah auf das Stück Dope in seiner Hand. »Dicke! Was kriegste?«

»Guck ma lieber, dass de vorbei kommst. Tom is meistens auch da. Kurbeln wir einen, quatschen was, verhaften paar Bierchen.«

»Kein Ding. Ich lass mich blicken.«

Dann stand ich da, das Dope in meiner Hosentasche, und sah ihm hinterher, wie er im Rewe verschwand.

Julia stand am Herd und verteilte Tomatenstückchen auf Weißbrothälften. »Focaccia«, sagte sie.

»Kenne ich«, sagte ich. »Schmecken scheiße.«

Sie boxte mir in die Seite. »Mach dich mal nützlich, du faule Sau.«

Ich zog ein Messer aus dem Block und begann Paprika in Streifen zu schneiden. Julia öffnete den Kühlschrank und nahm eine angebrochene Flasche Weißwein heraus. Sie schenkte sich ein Glas ein, nippte daran und sagte: »Musstest du dich mit dem Alten besaufen?«

Ich nahm ihr das Glas aus der Hand, trank einen Schluck und sagte: »Musst du grad sagen.«

Wir machten weiter. Ich schnitt Käse in Würfel, spießte sie mit Oliven und Weintrauben auf.

»Sag mal, wo sind eigentlich die anderen?«, fragte ich.

»Thomas guckt Bundesliga mit Papa, Mia sonnt sich draußen im Garten und Mutter ist mit Nicole spazieren, keine Ahnung, im Wald oder so.«

Ich nahm ihren Blick auf. Sie nickte und sagte: »Klar, hab's auch gesehen, bin ja nicht blind.«

»Was ist da passiert?«

Sie pfiff leise durch die Zähne. »Fressattacken würd ich sagen, die Nicole war doch schon immer labil.«

»Labil«, wiederholte ich. »Keine Ahnung.«

»Weißte nicht mehr, als die ihre Prüfung hatte und ihr das Auge weggeklappt is, weil die so nervös war.«

»Welche Prüfung?«

»Na, ihre beschissene Gesellenprüfung – und hier, ich meine, jetzt in allen Ehren und so, aber Friteuse? Das ist ja nun wirklich nicht so anspruchsvoll, ist ja keine Raketentechnik.« Sie gab Schalotten in die Schüssel zu den Avocados, zerstampfte alles mit dem Mörser, schmeckte den Brei mit Salz, Pfeffer und einem Schuss Honig ab.

»Mir hat sie immer die Spitzen geschnitten, als ich noch lange Haare hatte«, sagte ich.

Julia zuckte mit der Schulter. »Sag mal dem Rest Bescheid.«

Mia lag auf einem Sauna-Tuch hinter dem Haus. Der Rasen war frisch gemäht, das Gras zu einem großen Haufen zusammengekehrt. Sie hatte Kopfhörer in den Ohren und rauchte eine Zigarette. Ich stieß leicht mit dem Fuß gegen ihren. »Essen ist fertig.«

Sie nahm einen der Stöpsel aus dem Ohr. »Komme gleich.«

»Weiß deine Mutter, dass du rauchst?«

»Hat die nicht zu interessieren.« Sie zog an der Zigarette und zupfte ihren Bikini zurecht. »Wie is'n Berlin so?«

»Kommt drauf an«, sagte ich. »Was du so vorhast.«

Sie nahm noch einen Zug aus der Zigarette und drückte sie dann im Gras aus. »Was ich so vorhabe also.«

Ich nickte. »Wie gesagt, Essen ist fertig.«

Mein Vater und Thomas saßen immer noch vor dem Fernseher.

»Wie sieht's beim FC aus?«

»Spielen um die Champions-League-Plätze«, sagte mein Vater.

Thomas lachte laut. »In zehn Jahren nicht!«

Ich sah meinen Vater an und grinste. »Richtig, Thomas ist ja Bayernfan.«

»Nee nee, Sympathisant«, sagte Thomas, »nur Sympathisant, ja.«

Wir setzten uns alle an den großen Tisch im Wohnzimmer. Wildrosebesteck und Stoffservietten, das volle Programm.

»Wo is'n die Mama eigentlich?«, fragte Julia und goss sich Wein nach. »Noch mit Nicole unterwegs?«

Mein Vater sah sie an. »Ich weiß es wirklich nicht.«

Als Mia ins Wohnzimmer kam und sich neben mich setzte, klatschte Julia in die Hände. »Ach, sieh an, beehrt uns die Dame auch mal mit ihrer Anwesenheit.« Dann beugte sie sich über den Tisch und riss ihr die Kopfhörer aus dem Ohr. »Ich rate dir, es heute gar nicht erst zu probieren, alles klar?«

Sie blickte in die Runde. »Die kann ja schließlich nich machen, was sie will, oder?«

»Sieht echt super aus«, sagte ich schnell und nahm mir ein Stück Melone mit Parma-Schinken. »Wie in 'ner Kochsendung.«

Julia schlug mir auf die Finger. »Lass das! Wir warten noch.«

Nach einer Viertelstunde kamen Nicole und meine Mutter. Wir hörten sie leise im Flur reden. Sie setzten sich an den Tisch, als sei nichts gewesen.

»Du hast dir wirklich Mühe gegeben«, sagte meine Mutter und legte ihre Hand auf Julias Schulter.

Thomas versuchte uns ein amerikanisches Craft-Bier mit Kaffeearomen, das er mitgebracht hatte, schmackhaft zu machen, aber mein Vater meinte nur, wenn er Kaffee trinken wolle, tränke er eben Kaffee und kein Bier. Mia durfte Weinschorle trinken, die Julia ihr mixte. Nicole starrte auf ihren leeren Teller und nahm sich schließlich einen Käsespieß und eine von den Focacce.

Wir sprachen über die Feier, wer alles kommen würde, über die Onkel und Tanten, die ich alle seit über zehn Jahren nicht mehr gesehen hatte, und auch über die alten Freunde meines Vaters – alles Verbrecher, wie meine Mutter meinte. Gegen elf Uhr verabschiedete ich mich und ging auf mein Zimmer. Ich suchte die OCBs und rollte einen kleinen Joint. Nach den ersten Zügen spürte ich die Wirkung. Dann klingelte mein Mobiltelefon.

Ihre Stimme klang leise und brüchig. »Hey, wie geht's dir?«
»Ja, ganz gut. Und dir?«
»Du weißt, von wo ich anrufe, oder?«
»Ich habe dich hingefahren.«
»Ach ja«, sagte sie und hustete. »'s Essen is beschissen, und mir ist ständig kalt.«
»Scheiße.«
»Die Leute sind auch echt zum Kotzen.«
»Bist aber nicht wegen den Leuten da.«
»Jaja«, sagte sie, »und bei dir?«
»Mein Alter feiert morgen seinen Siebzigsten.«
»Familienfeier«, sagte sie leise.

Ich schloss die Augen und zog am Joint. »Ich mach's Beste draus.«

Sie hustete wieder. »Hör mal, ich glaub, ich komm nicht mehr zurück. Also, du weißt, wie ich das meine, ja? Nicht mehr zurück nach Berlin. Erstmal nach Hause. Hab schon mit meiner Mutter telefoniert. Is scheiße wegen der Wohnung und der Kohle.«

»Kein Problem«, sagte ich. »Das geht vor.«

»Geld kriegst du, wenn ich wieder flüssig bin, okay?«

»Mach dir keine Gedanken.«

»Ich muss. Die sind bißchen streng hier, von wegen Bettruhe.«

»Klar.«

»Schlaf gut«, sagte sie und legte auf.

Wir hatten uns auf einer Open Scene für Singer-Songwriter kennengelernt, ihre Freundin war mit einem Gitarristen aus Texas dort, der angeblich an einer Albumproduktion von Lucinda Williams beteiligt gewesen war. Ich spielte ein paar meiner alten Songs und ließ mich danach draußen am Kiosk volllaufen. Später am Abend sprach sie mich an und meinte, meine Sachen würden sie an Gram Parsons erinnern. Ich glaubte ihr kein Wort, aber sie schrieb mir ihre Nummer auf den Unterarm.

Gegen zwei Uhr morgens wachte ich auf. Im Haus war es ruhig, alle schienen zu schlafen. Mein Mund war trocken vom Dope. Ich ging pissen. Als ich aus der Toilette kam, stand Mia im Flur. Das Display ihres Handys leuchtete. Sie sah mich nicht an, sie ging an mir vorbei in ihr Zimmer und zog die Tür hinter sich zu. Ich wartete einen Moment in der Dunkelheit, schlich dann die Treppe hinunter in die Küche. Nachdem ich die Kühlschranktür aufgezogen hatte, nahm ich im schwachen Licht zuerst nur ihre Silhouette wahr. Ich machte einen Schritt zurück und stieß dabei gegen die geöffnete Geschirrspülmaschine.

»Nicole«, flüsterte ich.

Sie saß in der Ecke neben der Kaffeemaschine und löffelte Kartoffelsalat aus einem Plastikeimer, der vor ihr auf dem Tisch stand. Ich nahm eine Flasche Mineralwasser und schloss den Kühlschrank wieder.

»Hast du 'ne Zigarette?«

Sie nickte und schob die Zigarettenschachtel über den Tisch.

»Macht's dir was aus, wenn ich rauche?«

Sie schüttelte den Kopf und aß weiter den Kartoffelsalat. Ich rauchte Zug um Zug, bis zum Filter. Als ich die Zigarette ausgedrückt hatte und schon aufgestanden war, sagte sie leise: »Jimmy.«

Ich hörte es in ihrer Stimme. »Alles gut«, sagte ich und nahm sie in den Arm. Sie weinte, und ich hielt sie, bis sie damit fertig war. Dann reichte ich ihr ein Küchentuch, das über dem Stuhl hing. »Geh schlafen«, sagte ich und streichelte ihr über den Kopf.

Ich pulte den toten Joint aus dem Aschenbecher. Drei, vier Züge tat er es noch. Danach legte ich mich wieder hin. Ich starrte auf die rot glühenden Ziffern auf dem Radiowecker: 3:25, 4:40. Mein Vater schnarchte. Die Betten knarrten. In den Heizungsrohren gluckerte Wasser und Luft.

Neuware

Ludwig Bürling hatte das Paar schon eine ganze Weile beobachtet. Anfangs waren sie durch die Abteilung mit den Kinderwagen geschlendert. Er schätzte sie auf Ende zwanzig. Sie redeten nicht viel miteinander, warfen sich hin und wieder Blicke zu. Schließlich blieben sie vor einem der Betten stehen. In all den Jahren hatte Bürling gelernt, nichts zu überstürzen. Also tat er so, als notiere er etwas in seine Kladde. Er wartete ab, bis der Mann sich bückte, um nach dem Preisanhänger zu suchen. Dann steckte er den Kugelschreiber in die Hemdtasche und ging zu ihnen.

»Kann ich vielleicht weiterhelfen?«

Sie sah ihn an und lächelte. Er antwortete: »Wir gucken nur. Trotzdem vielen Dank.«

Bürling zeigte auf das Babybett und sagte: »Eine sehr gute Wahl. Das Preisleistungsverhältnis – einfach unschlagbar.«

Der Mann nickte. »Wir überlegen noch.«

»Natürlich«, sagte Bürling. Ihm fiel auf, wie blass und hohlwangig die Frau war. »Wissen Sie schon, was es wird?«

Die Frau nahm seinen Blick auf und sagte: »Wir wollen es nicht wissen, nein.«

»Lassen sich also überraschen.«

»Es wird ein Junge«, sagte der Mann.

Die Frau verdrehte die Augen. »Das kannst du nicht wissen.«

»Ich weiß es aber.«

Sie atmete scharf ein.

Bürling räusperte sich und sagte: »Gut!«

Sie sahen ihn gleichzeitig an.

»Vollholz«, sagte Bürling. »Hat im Ökotest sehr gut abgeschnitten – also nix mit Umweltgiften oder so. Aus'm Schwarzwald. Beste Qualität.« Er klopfte gegen einen der Pfosten. »Für Jungen und Mädchen.«

Der Mann lächelte. »Sieht auf jeden Fall stabil aus.«

»Absolut«, sagte Bürling, »und lässt sich später problemlos zum Juniorbett umbauen.«

Die Frau hatte sich einige Schritte entfernt. Sie stand abseits und sah zu den Leuchtstoffröhren an der Decke. Der Mann fuhr prüfend mit der Hand über den Lattenrost. Bürling sah, wie die Frau ganz langsam den Gang hinunter ging.

»Haben Sie dieses Modell vorrätig?«

Bürling nickte. Er konnte den Atem des Mannes riechen. Er wirkte auf einmal viel älter. Bürling bemerkte die Flecken auf seinem Hemd.

»Das ist gut«, sagte der Mann.

»Was meinen Sie?«

»Dass das Bett vorrätig ist.«

»Einer unserer Verkaufsschlager«, sagte Bürling. »Haben wir immer auf Lager.«

Der Mann nickte und drehte sich suchend um. Sie sahen jetzt beide der Frau hinterher, die in dem langen schmalen Gang immer kleiner wurde, und Ludwig Bürling musste an die Schachtel Zigaretten denken, die seit Monaten in seiner Schreibtischschublade lag.

»Ich bin mir noch unschlüssig«, sagte der Mann.

»Sie wollen nicht so viel Geld ausgeben?«

Der Mann schüttelte den Kopf. »Nein, das ist es nicht«, sagte er. »Das ist nicht das Problem.«

»Sie müssen sich nicht jetzt sofort entscheiden«, sagte Bürling. »So ein Bett ist ja schließlich eine langfristige Investition! Überlegen Sie einfach in Ruhe. Schlafen Sie eine Nacht drüber.«

Der Mann sah an ihm vorbei und sagte: »Manchmal kauft man ja auch Dinge, die man hinterher nicht mehr braucht – wissen Sie, was ich meine?«

»Ich weiß genau, was Sie meinen«, sagte Bürling. »Diese Betten haben allerdings kaum Wertverlust. Die sind nicht nur als Neuware begehrt.«

»Neuware«, wiederholte der Mann. Er sprach mehr zu sich selbst.

Dann sah er Bürling an. »Haben Sie Kinder?«, fragte er.

»Einen Sohn. Schon erwachsen.«

»Haben Sie das also schon hinter sich«, sagte er. »An was erinnert man sich?«

»Wenn sie noch klein sind, davon bleibt am meisten.«

Der Mann nickte.

»Mein Junge«, sagte Ludwig Bürling, »der ist mal von 'nem Altglascontainer gefallen, hinten bei uns auf'm Hof. Den wollten welche von der Stadt gerade entleeren, lagen überall Scherben rum. Keine Ahnung, wie er da überhaupt raufgekommen ist, der David. Jedenfalls hat er da rumgeturnt, und dann isser abgerutscht.« Bürling zeigte auf seine Wange. »Steckte 'n Glassplitter drin, so lang wie 'ne Messerklinge.« Er machte eine Pause und blickte in den Gang.

Die Frau war nicht mehr zu sehen. »Na ja, so isset«, sagte er, »irgendwann sind se groß.«

»Ich denke, ich komme wieder«, sagte der Mann, und Bürling antwortete: »Gerne. Tun Sie das.«

Später saß er an seinem Schreibtisch und musterte die Schachtel Reval, die er in seiner Schublade verwahrt hatte. Er war erstaunt, wie ungewohnt das Gefühl an seinen Lippen war. Die letzte Zigarette hatte er vor über sechs Monaten geraucht. Er sah aus dem Fenster, der Parkplatz leerte sich allmählich. Er musste an das Pärchen denken, das beinahe das Bett gekauft hätte. Schließlich griff er zum Telefon und starrte auf die Tastatur. Er konnte sich nicht an die Nummer erinnern. Wenn er morgen wiederkommt, dachte Ludwig Bürling, wenn er wirklich wiederkommt, dann hör ich mit dem Rauchen auf.

100er alleine rauchen

Im Treppenhaus ist es kalt. Regen an der Fensterscheibe, ich rauche die dritte Zigarette. Da ist dieser Geruch – früher machte Vater oft Kaninchen in Rotwein. Ich saß vor dem Ofen und dachte, der Rotwein ist gar kein Rotwein.

Aus dem Obergeschoss höre ich den Fernseher. Das alte polnische Ehepaar. Jeden Abend gucken sie Nachrichten. Um acht und um halb elf. Ich stelle mir vor, wie die beiden in einem großen, weichen Bett gleichzeitig sterben.

Die neuen Nachbarn sind vor ein paar Wochen eingezogen. Ich blicke durch die Streben des Treppengeländers. Wenn das Licht ausgeht, kann ich von hier aus ihre Umrisse hinter der Milchglasscheibe erkennen. Heute ist alles still. Ein letzter Zug, danach gehe ich zurück in meine Wohnung. Das Fenster im Hausflur lasse ich auf Kipp.

Der Tod kündigt sich nicht an. Ein Kuss, der sich schon lange nicht mehr so anfühlt. Ihre Körper werden unter der Decke wärmer. Füße berühren sich. Ein letzter Herzschlag. Ein letztes Mal atmen. Ein letztes Mal den Atem des anderen spüren. Wie er sanft über die Stirn hinwegstreicht. Es könnte jede Nacht geschehen, jetzt gleich, morgen.

Könige von Nichts

Ich erinnere mich gut an diesen Sommer. Die Hitze war stofflich, als könne man sie greifen, festhalten. Sie machte die Leute verrückt. Unfälle passierten, viele Unfälle. Immer wieder das Geräusch von Metall auf Metall, gleich darauf der Sing-Sang des Martinshorns. Aber nie war es laut. Die Hitze dämpfte alles, rückte die Geräusche in weite Ferne. Ein einziger, wochenlang andauernder Fiebertraum.

Der Wahnsinn lauerte hinter den alltäglichen Dingen: Männer gingen in die Kneipe, anschließend prügelten sie sich. Eine Geste, ein falsches Wort. Es ging immer nur um Kleinigkeiten. Eine besonders blutige Klopperei gab's gleich bei uns vorm Mietshaus. Ostrominski und der alte Seiler gerieten aneinander, und normalerweise hätte Ostrominski sich daran erinnert, dass der Seiler bloß ein nörgelnder Tattergreis ist, doch in diesem Sommer war das nicht möglich. Polnische Kraftfahrer, die vor ihren Lastern standen und rauchten, gingen dazwischen. Das Blut vom Seiler kann man heute noch sehen, es hat sich richtig in den Asphalt gebrannt. Kleine, braune Flecken, wie Rost, ich war neulich erst dort.

Aber das Beste war die Sache, die im Edeka an der Kaldauer Straße passiert ist, ganz am Anfang, als noch alles gut war. Ich stand mit meinem Bruder in der Kassenschlange, als die Frau vor uns einfach umkippte. Sie verlor dabei ihren Hut, einen Strohhut mit breiter Krempe, und aus dem Hut kullerte ein gefrorenes Hähnchen. Alle starrten sie an. Niemand bewegte sich. Ein Mitarbeiter half der Frau schließlich auf und führte sie in ein Hinterzimmer. Kurz darauf kam er zurück, um Hut und Hähnchen einzusammeln. Er grinste. Wir grinsten zurück. Mittlerweile hatten es alle begriffen.

Die Frau an der Kasse hatte Brüste wie in einem Russ-Meyer-Film.

»Das Bier hier?«, fragte sie, mein Bruder nickte. Sie zeigte auf die Flasche Racke rauchzart. »Für den Schnaps brauch ich den Personalausweis.«

»Klar.«

Mein Bruder holte den Ausweis aus der Hosentasche. Sie nahm ihn entgegen, sah drauf und lachte. »Lasst euch mal was Neues einfallen.«

»Was meinen Sie?«

»Süßer«, sagte sie und kratzte mit dem Fingernagel das aufgeklebte Marlboro-Steuerzeichen vom Ausweis. »Komm ich in Teufels Küche, wenn ich das mache.«

Als wir wieder auf der Straße standen, sagte mein Bruder: »Wenigstens ham wir das Bier.«

»Triffste dich gleich mit der Meurer?«

Er drehte sich um. »Was weißt du denn über die Meurer?«

»Dass sie jeden ranlässt.«

»Hast du überhaupt schon mal mit 'ner Braut rumgemacht?«

Die Mädchen in meiner Klasse waren flachbrüstig und trugen Zahnspangen. Die Mädchen, die mit meinem Bruder abhingen, wussten Dinge, von denen du noch nicht mal was gehört hattest. Und immer rochen sie so gut, nach Sommer, nach Gras – ein Duft, den man sein Leben lang nicht mehr vergisst. Dann ihre Körper. Nur aus Wölbungen und Vertiefungen bestehend, biegsam und fest zugleich. An den ganz heißen Tagen, wenn sie nicht so auf sich achteten, da verrutschten ihre Klamotten an den richtigen Stellen, und dann war es ein Schock, immer wieder aufs Neue. Hauchfeine Härchen am unteren Bauch. Alles andere stellte man sich einfach vor: die rosafarbene Spalte, nass, klebrig, offen. Das Ohr an ihren Lippen, um jeden Mucks, noch das leiseste Stöhnen mitzukriegen, und – aber da hatte man meistens schon einen solchen Ständer, da blieb nur die Linda in Öl, das Wichsen auf der Schülertoilette.

»Wo trefft ihr euch?«, fragte ich.
»Kann dir scheißegal sein.«
»Ach komm, hab keinen Bock hier alleine rumzuhängen.«
»Ein Bier auf der Zigeunerwiese und dann verpisst du dich wieder.«

Die Zigeunerwiese war ein großes Stück Brachland. Damals war das Gebiet noch nicht erschlossen. Von Fehlplanungen war die Rede, von vergrabenem Fabrikmüll und reichlich Backschisch. Natürlich wusste niemand Genaues. Manchmal sah man Arbeiter vom THW auf dem Gelände rumstehen. Eine Gruppe Roma hatte früher hier jeden Sommer ihr Lager aufgeschlagen. Damals nannte man sie noch Zigeuner. Sie kamen mit Wohnwagen, blieben zwei, drei Monate und verschwanden in einer Nacht-und-Nebel-Aktion wieder. Nach einem Brand untersagte ihnen die Stadt das Bleiberecht. Heute stehen dort Apartmenthäuser.

Ich öffnete zwei Dosen Bier. »Wann kommt die Meurer?«
»Woher kennste die überhaupt?«
»Der ihre Schwester geht in meine Parallelklasse.«
»Die wird auch mal 'ne Sau, so wie die sich bewegt.«
»Haste die schon gefickt, die Meurer?«
Mein Bruder hielt mir seinen Finger unter die Nase. »Merk's dir«, sagte er. »So riecht die Meurer.«

Natürlich kannte ich die Geschichten, die die Jungs über sie erzählten: Dass man alles mit ihr machen könne, sie immer wolle und dass ihr Anlasser so dick wie ein Daumen sei. In dieser Nacht träumte ich von ihr, aber es war kein schöner Traum. Wir rannten durch ein leeres, verlassenes Kaufhaus. Sie suchte etwas in der Dunkelheit, dann begann sie zu schreien, konnte nicht mehr damit aufhören, und ich wusste nicht, was ich tun sollte.

Der nächste Tag, der 18. August 1988, war der heißeste des ganzen Sommers. In der großen Pause sah ich die Meurer. Sie stand in der Raucherecke, neben ihr ein Typ, der sie wie zufällig anfasste. Alleine von dem Gedanken schlug mir das Herz bis in die Kehle. *Die Meurer einmal berühren.* Ihren Hals. Den Unterarm. Eine kurze Berührung nur.

Ich folgte ihm bis zur Schulhoftreppe. Er war größer als ich, ein paar Klassen über mir. Es war mir egal. Ich trat ihm von hinten die Beine weg und schlug solange auf ihn ein, bis mich ein Lehrer wegzerrte. Das Gesicht des Jungen, seine

Klamotten – alles voller Blut. Darüber habe ich später oft nachgedacht. Hätte dieser Sportlehrer nicht eingegriffen, wäre der Junge vielleicht liegen geblieben. Der Direktor bestellte mich in sein Büro. Es gab den üblichen Aufriss. Als ich zurück in meine Klasse kam, wurde es still. Alle sahen mich an. Ich setzte mich an meinen Platz und starrte aus dem Fenster. Irgendwann war die Stunde vorbei.

Mein Bruder wartete an der Telefonzelle vor der Schule.
»Hast ausgeteilt?«
Ich ging an ihm vorbei. »Vom wem hasten das gehört?«
»Macht die Runde«, sagte er, »Irgend 'n Wichser schaut immer aus dem Fenster.«
Mein Bruder wusste, wovon er redete. Schnelle Fäuste hatten ihm vierzehn Monate Heinsberger Schlaraffia eingebracht. Der andere Junge hatte dabei ein Auge verloren, doch dass er derjenige gewesen war, der die Schlägerei angezettelt hatte, spielte vor Gericht keine Rolle mehr.
»Die haben schon zu Hause angerufen, die Alte ist auf hundertachtzig.«
»Und jetzt?«
»Ich schraub grad an der Maschine vom Beppo«, sagte er. »In der Garage hab ich 'n zweiten Helm.« Er zuckte mit der Schulter. »Vom Alten krisse se heut abend sowieso gesickt.«

Mein Bruder hatte die Aprilia entdrosselt. Zuerst fuhren wir durch ein Waldstück. Steine schlugen gegen mein Visier. Ich schloss die Augen, spürte die Vibrationen des Motors, die Geschwindigkeit, den Fahrtwind. Schließlich hielten wir vor einer Fußgängerbrücke und stiegen ab. Der Asphalt klebte unter den Schuhsohlen. Wir gingen zur Mitte der Brücke und lehnten uns über das Geländer.

»Biste in die Meurer verknallt?«
Ich antwortete nicht.
Er lachte. »Klar biste.«
Die Autobahn war leer. Hitzeflimmern. Kein Wind.
»Küsst sie gut?«, fragte ich.

In meiner Erinnerung verrät mein Bruder es mir – wie gut die Meurer küssen kann. Aber ich weiß, das ist nicht wirklich passiert. Wirklich passiert ist etwas ganz anderes. Ich habe das Auto gesehen, den Fluchtwagen, wie es später in den Nachrichten hieß. Ich war dreizehn Jahre alt. Ich kannte das Geräusch von Schüssen und Explosionen nur aus dem Fernsehen.

Manchmal bewegt sich in einem Leben jahrelang nichts, kein Ereignis, keine Geschichte. Manchmal kommt alles in ein paar Sekunden zusammen.

Gladbeck. Das war uns kein Begriff. Plötzlich überall Autos. Der Fluchtwagen wird von einer schwarzen Limousine in die Leitplanke abgedrängt. Detonationen, das grelle Licht der Irritationskörper. Wieder das Geräusch von Metall auf Metall. Schreie. Eine junge Frau springt aus dem Wagen. Ein Schuss löst sich. Sie sackt zusammen. Daran erinnere ich mich genau. Einsatzkräfte auf der Fahrbahn. Zwei Männer am Boden. Rösner und Degowski. Die andere Geisel auf der Rückbank, erschossen. Kaliber 9 mm Luger. Aber das, die Namen und alles, das habe ich später irgendwo gelesen. Stand ja überall. Wir haben mit niemandem darüber gesprochen.

Die Tage wurden allmählich kühler. Meine Mutter konnte einen Schulverweis im letzten Moment abwenden. Stattdessen Sozialstunden und der Ledergürtel vom Vater. Ich hatte die Meurer nicht vergessen, aber seit dem Tag auf der Brücke musste ich nicht mehr ständig an sie denken.

Es passierte an einem Samstag. Der Alte auf Schicht. Mutter im Rechenzentrum putzen. Zuerst hörte ich nur die Musik aus dem Zimmer meines Bruders, Bob Seger. Danach auch ihre leise Stimmen. Und bis sie lachte, war ich mir nicht sicher, dass sie es ist. Dann begriff ich, dass sie gar nicht lachte. Ich hatte keine Ahnung, wie lange so etwas dauert. Mir kam es ewig vor. Irgendwann waren sie still, nur noch *Night Moves* aus den Boxen.

Er kam rein, ohne anzuklopfen.
»Wollt 'n paar Bier holen«, sagte er. »Willste auch eins?«
»Eins vielleicht.«
»Eins vielleicht«, äffte er mich nach. *Die Meurer nur ein paar Meter von mir entfernt.* Welten waren das.

Ich ging ins Bad, wusch mir die Hände und sah in den Spiegel. Ich stand sehr lange da. Als ich zurück ins Zimmer kam, lagen sie auf meinem Bett. Ein paar Flaschen Küppers standen auf der Fensterbank. Mein Bruder rauchte eine Zigarette und hatte die Hand auf ihren nackten Bauch gelegt. Sie zog mich auf die Matratze und sagte: »Ich beiße nicht.« Wir tranken Bier aus derselben Flasche. Schließlich legte auch ich meine Hand auf ihren Bauch.

Wenn ich an früher denke, dann an diese paar Stunden. An das Lachen meines Bruders. An die Haut der Meurer. Manchmal bin ich ihr noch in der Schule begegnet, aber sie tat immer so, als kenne sie mich nicht. Irgendwann sah ich sie gar nicht mehr. Sie verschwand wie so viele Dinge im Leben verschwinden, leise und unbemerkt.

Mein Bruder verschwand an einem Novembermorgen. Ich hörte nur noch, wie er durch die Wohnung schlich und die Tür ins Schloss fiel. Dann den Motor seiner Kreidler. Danach Stille. Zwei Jahre lang kein Anruf, kein Brief, nichts. Meine Mutter hatte ihn nach einer Woche als vermisst gemeldet.

Kurz vor meinem sechzehnten Geburtstag lief ich alleine durch die Stadt. Auf einmal steht dieser langhaarige Typ vor mir. Die Tätowierungen. Der Bart. Er wirkte wie ein Fremder. Wir gingen in eine Kneipe und setzten uns an einen leeren Ecktisch. Er war die Küstenlinie entlanggefahren, Frankreich, Portugal, Spanien. Das Meer azurblau. Die Landschaft wie gemalt. Seine Eroberungen alle wunderschön. Dann erzählte er mir, dass er im Hafen von Barcelona in eine Messerstecherei verwickelt gewesen war. Es sei um Schmuck und Handfeuerwaffen gegangen. Im Gerangel habe er eben zugestochen. Als wir uns verabschiedeten nahm er mir das Versprechen ab, den Eltern nichts zu sagen.

Acht Jahre später meldete sich die kanadische Botschaft bei meiner Mutter. Sie fuhr ganz aufgeregt nach Bad Godesberg, aber alles, was die Beamten wollten, waren alte Röntgenaufnahmen meines Bruders. Wenige Wochen später bekam sie die Mitteilung, dass es seine Leiche war, die Ermittler in einem ausgebrannten Autowrack nahe Barrie gefunden hatten. Durch Teile eines sichergestellten Personalausweises waren sie auf unsere Familie gekommen. Meinen Bruder kannte die Polizei unter dem Namen Harry Jones.

Nach ihm war wegen Körperverletzung und Menschenhandels gefahndet worden.

Die Meurer habe ich danach doch noch einmal getroffen. Ich hatte ein paar Bier getrunken und war auf dem Weg nach Hause, da habe ich sie auf der Straße gesehen, als sie gerade Zigaretten zog. Ich habe sie eine dreckige Nutte genannt, die es mit jedem treibt. Sie hat sich losgerissen und ist weinend davongerannt. Das alles ist jetzt lange her.

Manchmal wache ich nachts auf und denke, ich kann noch einmal von vorne beginnen. Dann schließe ich die Augen und höre die Stimme meines Bruders, der es mir verrät – wie gut die Meurer küssen kann. *So gut wie kein anderes Mädchen.* Aber ich weiß, das ist nicht wirklich passiert. Wirklich passiert ist etwas ganz anderes.

Sie hat gesagt

Sie hat gesagt, sie will es die ganze Nacht treiben. Wie früher. Sie schnarcht leise, ihr Atem riecht nach Wein. Das Licht um drei Uhr morgens. Aus Schemen werden Dinge, wird das echte Leben. Sie dreht sich zur Seite. Ich ziehe meinen Arm vorsichtig unter ihrem Kopf hervor.

Unsere Klamotten auf dem Wohnzimmerboden. Als wären wir Teenager. Aber die Unschuld verliert man nur einmal. Auf der Kommode Fotos. Trophäen einer anderen Zeit. Wohin mit all unseren Geschichten? Aufschreiben oder tief vergraben.

Sie hat gesagt, sie will noch einmal von vorne anfangen. Sie hat gesagt, sie will endlich ankommen. Sie hat gesagt, sie will in den Süden.

Auf dem Küchentisch der Prospekt von einem Möbelhaus. Die Tochter übers Wochenende bei den Großeltern. Ich sehe noch einmal ins Schlafzimmer. Da ist keine Erwartung. Jeder kehrt zurück an seinen Platz. Als ich gehe, lasse ich das Licht in der Küche brennen.

Mein Dank gilt:
Doris Jünger, Niklas Schütte, Paul und Andreas Remmel, Markus Michalek, Niels Parthey, Marc Littler, Denis Kundic, Annette Kilzer, Miriam Spies, Uwe Kalkowski, Uwe Kopf, Ambros Waibel, Peter Wawerzinek.

SVEN HEUCHERT: Geboren 1977 in der rheinländischen Provinz. 1994 dann Ausbildung, seitdem in Arbeit. Erste Kurzgeschichte *Zinn 40* noch in der Schule. Mit neunzehn Umzug nach Köln. Liebe, Reisen, kleine Niederlagen, große Niederlagen. Rückkehr in die Provinz. Keine Preise.

»*Für mich ist das große Sprachkunst, man kann nicht aufhören zu lesen,
auch wenn man an manchen Stellen vor Entsetzen beinahe ins Stocken gerät.*«
Uwe Kalkowski, *Kaffeehaussitzer*

Sven Heuchert:
»Asche«, *Stories*
3. Auflage, 2019
Fadengeheftete Broschur | 164 Seiten
ISBN 978-3-945426-42-5 | € 12,80

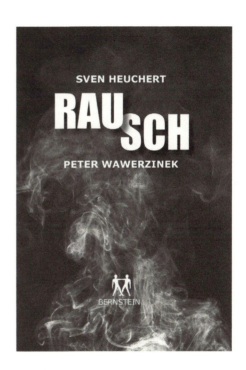

Sven Heuchert / Peter Wawerzinek:
»Rausch«
Mit zwei Gedichten von M. A. Littler
Fadengeheftete Broschur | 92 Seiten
ISBN 978-3-945426-31-9 | € 8,00

0163-255 3284